I0443983

Riyad As Saliheen

Books of: Good Manners, Etiquette of Eating, Dress, Etiquette of Sleeping, Lying and Sitting, Greetings

(Chapters 84-143)

Hadith (681-893)

PART 3/6

Riyad As Saliheen

Books of: Good Manners, Etiquette of Eating, Dress, Etiquette of Sleeping, Lying and Sitting, Greetings

(Chapters 84-143)

Hadith (681-893)

PART 3/6

Yahya Bin Sharaf Al-Nawawi

LIGHT PUBLISHING

1 2 3 4 5 6 7 8 9 10

All rights reserved. No part of this publication may be reproduced, stored in a retrieval system or transmitted in any form or by any means – electronic, mechanical, photocopying, recording or otherwise – without written permission from the publisher.

© Light Publishing 2023

Abu Zakariya Yahya bin Sharaf An-Nawawi

Riyad As Saliheen - Part 3/6

ISBN 978-1-915570-40-6

www.lightpublishing.co.uk

بسم الله الرحمن الرحيم

CONTENTS

THE BOOK OF GOOD MANNERS   15

Chapter 84
    Exaltation of Modesty [681-684 of 1896]   17

Chapter 85
    Secrecy of Private Matters (Guarding Secrets)
    [685-688 of 1896]   19

Chapter 86
    Fulfillment of Promises [689-691 of 1896]   23

Chapter 87
    Safeguarding and Perpetuating Good Habits
    [692-692 of 1896]   27

Chapter 88
    Excellence of meeting with a smiling Countenance
    and Politeness in Speech [693-695 of 1896]   29

Chapter 89
    Clarity of Discourse [696-697 of 1896]   31

Chapter 90
    Listening Attentively [698-698 of 1896]   33

Chapter 91
　　Brevity in Preaching [699-702 of 1896]　　35

Chapter 92
　　Dignity and Tranquility [703-703 of 1896]　　39

Chapter 93
　　Excellence of Walking Solemnly (Towards the Mosque) to perform As-Salat (The Prayer) and other Religious Duties [704-705 of 1896]　　41

Chapter 94
　　Honoring the Guest [706-707 of 1896]　　43

Chapter 95
　　Excellence of Conveying Glad Tidings and Congratulations [708-711 of 1896]　　47

Chapter 96
　　Bidding Farewell and Advising on the Eve of Departure for a Journey or other Things [712-717 of 1896]　　55

Chapter 97
　　Istikhara (Seeking Guidance from Allah), and Consultation [718-718 of 1896]　　59

Chapter 98
　　Excellence of Adopting Different Routes for going and returning on 'Eid Prayer and various other Occasions [719-720 of 1896]　　61

Chapter 99
　　Excellence of using the right Hand for Performing various good Acts [721-727 of 1896]　　63

THE BOOK ABOUT THE ETIQUETTE OF EATING   67

Chapter 100
   Mentioning Bismillah before and saying Al-Hamdulillah after Eating [728-735 of 1896]   69

Chapter 101
   Prohibition of Criticizing Food [736-737 of 1896]   73

Chapter 102
   Response to an Invitation extended to a Man observing Saum (Fasting) [738-738 of 1896]   75

Chapter 103
   What should one say to the Host if an uninvited Person is accompanied with an invited Person [739-739 of 1896]   77

Chapter 104
   Eating from what is in front of One [740-741 of 1896]   79

Chapter 105
   Prohibition of Eating two Date-fruits Simultaneously [742-742 of 1896]   81

Chapter 106
   What should a Person say or do when he Eats but is not Satisfied [743-743 of 1896]   83

Chapter 107
   Eating from the Side of the Vessel [744-745 of 1896]   85

Chapter 108
   Undesirability of Eating in a Reclining Posture [746-747 of 1896]   87

Chapter 109

Excellence of Eating with three Fingers and Licking them [748-754 of 1896]   89

Chapter 110

Merit of Sharing Food [755-756 of 1896]   93

Chapter 111

Etiquette of Drinking Water [757-761 of 1896]   95

Chapter 112

Undesirability of Drinking directly from the mouth of a Water-Skin [762-764 of 1896]   97

Chapter 113

Undesirability of blowing into the Vessel while Drinking [765-766 of 1896]   99

Chapter 114

Permission to Drink while in a standing Posture [767-772 of 1896]   101

Chapter 115

Excellence of Cupbearer drinking Last [773-773 of 1896]   103

Chapter 116

Permissibility of drinking water from clean Vessels of all types except Gold and Silver ones [774-778 of 1896]   105

THE BOOK OF DRESS

Chapter 117
    Excellence of wearing white clothes and the permissibility of wearing red, green, yellow and black clothes made from Cotton, Linen but not Silk [779-788 of 1896]   111

Chapter 118
    Excellence of Qamees [789-789 of 1896]   115

Chapter 119
    Description of the length of Qamees and the Sleeves, the end of the Turban, the Prohibition of wearing long Garments out of Pride and the undesirability of wearing them without Pride [790-801 of 1896]   117

Chapter 120
    Excellence of giving up Elegant Clothes for Humility [802-802 of 1896]   125

Chapter 121
    Excellence of Adopting Moderation in Dress [803-803 of 1896]   127

Chapter 122
    Prohibition of wearing Silk for men and its permissibility for Women [804-809 of 1896]   129

Chapter 123
    Lawfulness to wear Silk in case one is suffering from an Itch [810-810 of 1896]   131

Chapter 124

    Prohibition of using the skin of the Leopard
[811-812 of 1896]   133

Chapter 126

    Excellence of Starting from the right side first while wearing a Dress (or a pair of Shoes) [813-813 of 1896]   135

THE BOOK OF THE ETIQUETTE OF SLEEPING, LYING AND SITTING   137

Chapter 127

    What is to be said at the time of Sleeping
[814-819 of 1896]   139

Chapter 128

    Manners of Lying down on one's back and placing one leg upon the Other [820-824 of 1896]   143

Chapter 129

    Etiquette of Attending company and sitting with Companions [825-837 of 1896]   145

Chapter 130

    Visions in Dream and matters relating to them
[838-844 of 1896]   151

THE BOOK OF GREETINGS — 155

Chapter 131
   Excellence of Promoting Greetings [845-850 of 1896]   157

Chapter 132
   Words to be used for offering Greetings
   [851-856 of 1896]   161

Chapter 133
   Etiquette of offering Greetings [857-857 of 1896]   165

Chapter 134
   Excellence of Greeting the Acquaintance Repeatedly
   [859-860 of 1896]   167

Chapter 135
   Excellence of Greeting at the time of entry into the
   House [861-861 of 1896]   169

Chapter 136
   Greeting the Children [862-862 of 1896]   171

Chapter 137
   Greeting one's Wife and other Women
   [864-865 of 1896]   173

Chapter 138
   Greeting the non-Muslims and Prohibition of taking
   an Initiative [866-868 of 1896]   175

Chapter 139
   Excellence of Greeting on Arrival and Departure
   [869-869 of 1896]   177

Chapter 140

Seeking Permission to enter (somebody's House) and Manners relating to it [870-873 of 1896]   179

Chapter 141

Seeking Permission to enter by telling one's Name [874-877 of 1896]   181

Chapter 142

Saying 'Al-Hamdulillah' on Sneezing, its reply and Manners relating to Sneezing and Yawning [878-884 of 1896]   183

Chapter 143

Excellence of Hand shaking at the time of Meeting [885-893 of 1896]   187

BOOK ONE
THE BOOK OF GOOD MANNERS

CHAPTER 84
Exaltation of Modesty [681-684 of 1896]

[681] عن ابن عمر رضي الله عنهما أنَّ رسول الله مرَّ على رَجُلٍ مِنَ الأَنْصَارِ وَهُوَ يَعِظُ أَخَاهُ في الحَيَاءِ، فَقَالَ رسول اللهِ: «دَعْهُ، فَإِنَّ الحَيَاءَ مِنَ الإِيمَانِ». متفقٌ عَلَيْهِ. الأدب: الأخذ بمكارم الأخلاق. والحياء: من الأدب وهو من الإيمان. قال النبي: «بعثت لأتمم مكارم الأخلاق».

681. Ibn 'Umar (May Allah be pleased with them) reported: Messenger of Allah ﷺ passed by a man of the Ansar who was admonishing his brother regarding shyness. Messenger of Allah ﷺ said, "Leave him alone, for modesty is a part of Iman." [Al-Bukhari and Muslim].

[682] وعن عمران بن حصين رضي الله عنهما قَالَ: قَالَ رسول الله: «الحَيَاءُ لا يَأْتِي إلا بِخَيْرٍ». متفقٌ عَلَيْهِ. وفي رواية لمسلم: «الحياءُ خَيْرٌ كُلُّهُ» أو قال: «الحَيَاءُ كُلُّهُ خَيْرٌ». الحياء يكف صاحبه عن ارتكاب القبائح ودناءة الأخلاق، ويحثه على مكارم الأخلاق ومعاليها. قال بعض السلف: رأيت المعاصي نذالة فتركتها مروءة، فاستحالت ديانةً.

682. 'Imran bin Husain (May Allah be pleased with them) reported: Messenger of Allah ﷺ said, "Shyness does not bring anything except good." [Al-Bukhari and Muslim].

In a narration of Muslim: Messenger of Allah ﷺ said, "All of shyness is good."

[683] وعن أبي هريرة أنَّ رسول الله قَالَ: «الإِيمَانُ بِضْعٌ وَسَبْعُونَ أَوْ بِضْعٌ وَسِتُّونَ شُعْبَةً: فَأَفْضَلُهَا قَوْلُ: لا إلهَ إلا الله، وَأَدْنَاهَا إِمَاطَةُ الأَذَى عَنِ الطَّرِيقِ، وَالحَيَاءُ شُعْبَةٌ مِنَ الإِيمَانِ». متفقٌ عَلَيْهِ. «البِضْعُ» بكسر الباء ويجوز فتحها: وَهُوَ مِنَ الثَّلاثَةِ إلَى الْعَشَرَةِ. وَ«الشُّعْبَةُ»: القِطْعَةُ وَالخَصْلَةُ. وَ«الإمَاطَةُ» الإِزَالَةُ. وَ«الأذَى»: مَا يُؤْذِي كَحَجَرٍ وشوك

وَطِينٍ ورماد وَقَذَرٍ وَنَحْوِ ذَلِكَ. الإِيمَانِ: يطلق على جميع أمور الدين من اعتقاد القلب، وقول اللسان، وفعل الجوارح.

683. Abu Hurairah reported: Messenger of Allah said, "Iman has sixty odd or seventy odd branches. The uppermost of all these is the Testimony of Faith: 'La ilaha illallah' (there is no true god except Allah) while the least of them is the removal of harmful object from the road. And shyness is a branch of Iman." [Al-Bukhari and Muslim].

[684] وعن أبي سعيد الخدري قال: كَانَ رسولُ الله أشَدَّ حَيَاءً مِنَ العَذْرَاءِ في خِدْرِهَا، فَإِذَا رَأى شَيْئًا يَكْرَهُهُ عَرَفْنَاهُ في وَجْهِهِ. متفقٌ عَلَيْهِ. قَالَ العلماءُ: حَقِيقَةُ الحَيَاءِ خُلُقٌ يَبْعَثُ عَلَى تَرْكِ القَبِيحِ، وَيَمْنَعُ مِنَ التَّقْصِيرِ فِي حَقِّ ذِي الحَقِّ. وَرَوَيْنَا عَنْ أبي القاسم الجُنَيْدِ رَحِمَهُ اللهُ، قَالَ: الحَيَاءُ: رُؤْيَةُ الآلاءِ - أيْ النِّعَمِ - ورُؤْيَةُ التَّقْصِيرِ، فَيَتَوَلَّدُ بَيْنَهُمَا حَالَةٌ تُسَمَّى حَيَاءً. وَاللهُ أعلم.

684. Abu Sa'id Al-Khudri reported: Messenger of Allah was even shier than a virgin behind her veil. When he saw something which he disliked, we could perceive it on his face. [Al-Bukhari and Muslim].

CHAPTER 85
Secrecy of Private Matters (Guarding Secrets)
[685-688 of 1896]

قَالَ اللهُ تَعَالَى: ﴿وَأَوْفُوا بِالْعَهْدِ إِنَّ الْعَهْدَ كَانَ مَسْؤُولًا﴾ [الإسراء (34)]. ذكر الآية في حفظ السر لأنه مما يعتاد التعاهد على كتمانه إما لفظًا أو بقرينة الحال.

Allah, the Exalted, says:

"And fulfill (every) covenant. Verily! The covenant, will be questioned about." (17:34)

[685] وعن أبي سعيد الخدري قال: قَالَ رسول الله: «إِنَّ مِنْ أَشَرِّ النَّاسِ عِنْدَ اللهِ مَنْزِلَةً يَوْمَ الْقِيَامَةِ الرَّجُلَ يُفْضِي إِلَى الْمَرْأَةِ وَتُفْضِي إِلَيْهِ، ثُمَّ يَنْشُرُ سِرَّهَا». رواه مسلم. الإفضاء: مباشرة البشرة، وهو كناية عن الجماع. وفي الحديث وعيدٌ شديدٌ على من ذكر تفاصيل ما يقع بينه وبين امرأته حال الجماع.

685. Abu Sa'id Al-Khudri ؓ reported: Messenger of Allah ﷺ said, "The most evil of the people to Allah on the Day of Resurrection will be the man who consorts with his wife and then publicizes her secret." [Muslim].

[686] وعن عبدِ اللهِ بنِ عمرَ رضي الله عنهما: أَنَّ عمرَ حِينَ تأيَّمَت بنتُهُ حَفْصَةُ، قَالَ: لَقِيتُ عُثْمَانَ بْنَ عَفَّانَ، فَعَرَضْتُ عَلَيْهِ حَفْصَةَ، فَقُلْتُ: إِنْ شِئْتَ أَنْكَحْتُكَ حَفْصَةَ بِنْتَ عُمَرَ؟ قَالَ: سَأَنْظُرُ فِي أَمْرِي. فَلَبِثْتُ لَيَالِيَ ثُمَّ لَقِيَنِي، فَقَالَ: قَدْ بَدَا لِي أَنْ لَا أَتَزَوَّجَ يَوْمِي هَذَا. فَلَقِيتُ أَبَا بَكْرٍ الصديق، فقلت: إِنْ شِئْتَ أَنْكَحْتُكَ حَفْصَةَ بِنْتَ عُمَرَ، فَصَمَتَ أَبُو بَكْرٍ، فَلَمْ يَرْجِعْ إِلَيَّ شَيْئاً! فَكُنْتُ عَلَيْهِ أَوْجَدَ مِنِّي عَلَى عُثْمَانَ، فَلَبِثْتُ لَيَالِيَ ثُمَّ خَطَبَهَا النبي فَأَنْكَحْتُهَا إِيَّاهُ. فَلَقِيَنِي أَبُو بَكْرٍ، فَقَالَ: لَعَلَّكَ وَجَدْتَ عَلَيَّ حِينَ عَرَضْتَ عَلَيَّ حَفْصَةَ فَلَمْ أَرْجِعْ إِلَيْكَ شَيْئاً؟ فقلت: نَعَمْ. قَالَ: فَإِنَّهُ لَمْ يَمْنَعْنِي أَنْ أَرْجِعَ إِلَيْكَ فِيمَا عَرَضْتَ عَلَيَّ إِلَّا أَنِّي كُنْتُ عَلِمْتُ أَنَّ النَّبِيَّ ذَكَرَهَا، فَلَمْ أَكُنْ لِأُفْشِيَ سِرَّ رسول الله وَلَوْ

تَرَكَهَا النَّبيُّ لَقَبِلْتُهَا. رواه البخاري. قوله: «تأَيَّمْتُ» أي: صَارَتْ بِلا زَوج، وَكَانَ زَوْجُهَا تُوفِّيَ. «وَجَدْتَ»: غَضِبْتَ. في هذا الحديث: عرض الإنسان موليته على أهل الخير. وفيه: كتم السر والمبالغة في إخفائه.

686. 'Abdullah bin 'Umar (May Allah be pleased with them) reported: My father 'Umar ؓ said: When (his daughter) Hafsah ؓ became a widow, I met 'Uthman bin 'Affan ؓ and offered Hafsah for marriage to him. 'Uthman said: "I shall think over the matter." I waited for a few days and then 'Uthman met me and said: "It occurred to me that I should not marry at present." Then I met Abu Bakr ؓ and said to him: "If you are willing, I shall marry my daughter Hafsah to you." Abu Bakr ؓ remained silent and did not utter any word to me in reply. I grew more angry with him than with 'Uthman. I had waited for only a few days when Messenger of Allah ﷺ asked for her hand in marriage and I married her to him. Thereafter, I met Abu Bakr ؓ who said, "Perhaps you were angry with me when you offered Hafsah to me and I said nothing in reply." I said, "Yes, that is so." He said, "Nothing stopped me to respond to your offer except that I knew that Messenger of Allah ﷺ had mentioned her and I could not disclose the secret of Messenger of Allah ﷺ. Had Messenger of Allah ﷺ left her, I would have accepted her." [Al-Bukhari and Muslim].

[687] وعن عائشة رضي الله عنها قالت: كُنَّ أزْوَاجُ النَّبيِّ عِنْدَهُ، فَأَقْبَلَتْ فَاطِمَةُ رضي الله عنها تَمْشِي، مَا تُخْطِئُ مِشْيَتُهَا مِنْ مِشْيَةِ رسولِ اللهِ ﷺ شَيْئاً، فَلَمَّا رَآهَا رَحَّبَ بِهَا، وقال: «مَرْحَباً بِابْنَتِي»، ثُمَّ أَجْلَسَهَا عَنْ يَمِينهِ أَوْ عَنْ شِمَالِهِ، ثُمَّ سَارَّهَا فَبَكَتْ بُكَاءً شَدِيداً، فَلَمَّا رَأَى جَزَعَهَا، سَارَّهَا الثَّانِيَةَ فَضَحِكَتْ، فقلتُ لَهَا: خَصَّكِ رسولُ اللهِ مِنْ بَيْنِ نِسَائِهِ بالسِّرَارِ، ثُمَّ أَنْتِ تَبْكِينَ! فَلَمَّا قَامَ رسولُ اللهِ ﷺ سَأَلْتُهَا: مَا قَالَ لَكِ رسولُ اللهِ؟ قالت: مَا كُنْتُ لأُفْشِيَ عَلَى رسولِ اللهِ سِرَّهُ، فَلَمَّا تُوفِّيَ رسولُ اللهِ ﷺ قُلْتُ: عَزَمْتُ عَلَيْكِ بِمَا لِي عَلَيْكِ مِنَ الحَقِّ، لَمَا حَدَّثْتِنِي مَا قَالَ لَكِ رسولُ اللهِ؟ فقالت: أمَّا الآنَ فَنَعَمْ، أمَّا حِينَ سَارَّنِي في المَرَّةِ الأُولَى فَأَخْبَرَنِي أنَّ جِبْرِيلَ كَانَ يُعَارِضُهُ القُرْآنَ في كُلِّ سَنَةٍ مَرَّةً أَوْ مَرَّتَيْنِ، وَأَنَّهُ عَارَضَهُ الآنَ مَرَّتَيْنِ، وَإِنِّي لا أَرَى الأَجَلَ إلا قَدِ اقْتَرَبَ، فَاتَّقِي اللهَ وَاصْبِرِي، فَإنَّهُ نِعْمَ السَّلَفُ أنَا لَكِ، فَبَكَيْتُ بُكَائِي الَّذِي رَأَيْتِ، فَلَمَّا رَأَى جَزَعِي سَارَّنِي الثَّانِيَةَ، فَقَالَ: «يَا فَاطِمَةُ، أَمَا تَرْضَيْنَ أنْ تَكُونِي سَيِّدَةَ نِسَاءِ المُؤْمِنِينَ، أَوْ سَيِّدَةَ نِسَاءِ هذِهِ الأُمَّةِ؟» فَضَحِكْتُ ضَحِكي الَّذِي رَأَيْتِ. متفقٌ عَلَيْهِ، وهذا لفظُ مسلم. في الحديث: تقديم المؤانسة قبل الإخبار بالأمر. وفيه: أن جزاء

الصبر على قدر عظم المصيبة. وفيه: لطف المولى سبحانه من تعقيب الكسر بالجبر، والحزن بالفرح، والعسر باليسر. وفيه: حفظ السر.

687. 'Aishah ﷺ reported: On one occasion all the wives of the Prophet ﷺ were with him when his daughter, Fatimah ﷺ who walked after the style of his father, came there. He ﷺ welcomed her saying, "Welcome, O my daughter", and made her sit on his right side, or on his left side and then whispered something to her at which she wept bitterly. When he perceived her grief, he talked secretly to her again and she smiled (with happiness). I said to her: "Messenger of Allah (PBUH chose you from amongst all his wives to speak secretly to you and yet you cried." When he left, I asked her, "What did Messenger of Allah ﷺ say to you?" She said, "I will not divulge the secret of Messenger of Allah ﷺ." When Messenger of Allah ﷺ passed away, I said to her: "I adjure you by the right I have in respect of you to tell me what Messenger of Allah ﷺ had told you." She said: "Now (when Messenger of Allah ﷺ has died), I will tell you. When he whispered to me the first time, he told me, 'Jibril (Gabriel) used to listen to my recitation of the Qur'an and then recite it back to me once or twice a year, and this time he has done it twice; and so I perceive that my death is approaching. Then be mindful of your duty to Allah and be patient and steadfast, for I shall be an excellent predecessor for you.' On this I wept as you saw. When he perceived my distress he talked to me secretly the second time and said, 'O Fatimah, are you not pleased that you will be the chief among the believing women or of this Ummah?' This made me smile as you saw." [Al-Bukhari and Muslim].

[688] وعن ثَابِتٍ عن أنس قال: أتَى عَلَيَّ رسول الله وَأنَا ألْعَبُ مَعَ الغِلْمَانِ، فَسَلمَ عَلَيْنَا، فَبَعَثَني فِي حاجَةٍ، فَأبْطَأتُ عَلَى أُمِّي. فَلَمَّا جِئْتُ، قالت: مَا حَبَسَكَ؟ فقلتُ: بَعَثَني رسولُ الله لِحَاجَةٍ، قالت: مَا حَاجَتُهُ؟ قُلْتُ: إنَّهاَ سِرٌّ. قالت: لا تُخْبِرَنَّ بِسرِّ رسول الله أحَداً، قَالَ أنَسٌ: وَاللهِ لَوْ حَدَّثْتُ بِهِ أحَداً لَحَدَّثْتُكَ بِهِ يَا ثَابِتُ. رواه مسلم وروى البخاري بعضه مختصراً. في الحديث: حسن خلقه. وفيه: أن حفظ السر يختلف باختلاف الأحوال، فتارةً يجوز إفشاؤه بعد الموت كما في حديث عائشة وفاطمة، وتارة لا يفشي. ولفظ البخاري عن أنس: (أسر النبي سرًا فما أخبرت به أحدًا

بعده، ولقد سألتني أمي أم سليم فما أخبرتها به).

688. Thabit &reported: Anas & said: Messenger of Allah & came to me while I was playing with the boys. He greeted us and sent me on an errand. This delayed my return to my mother. When I came to her, she asked, "What detained you?" I said; "Messenger of Allah & sent me on an errand." She asked, "What was it?" I said, "It is a secret." My mother said; "Do not disclose to anyone the secret of Messenger of Allah &." Anas & said to Thabit &: By Allah, were I to tell it to anyone I would have told you.[Muslim].

CHAPTER 86
Fulfillment of Promises [689-691 of 1896]

قَالَ اللهُ تَعَالَى: ﴿وَأَوْفُوا بِالعَهْدِ إِنَّ العَهْدَ كَانَ مَسْئُولاً﴾ [الإسراء (34)]. أي: أوفوا بالعهد الذي تعاهدون عليه الناس، والعقود التي تعاملون بها فإنَّ كلاً من العهد والعقد مسؤول عنه صاحبه: هل وفِّي به أم لا؟ وقال تَعَالَى: ﴿وَأَوْفُوا بِعَهْدِ اللهِ إِذَا عَاهَدْتُمْ﴾ [النحل (91)]. يأمر تعالى بالوفاء بالعهود والمواثيق، والمحافظة على الأيمان المؤكدة، ولهذا قال: ﴿وَلَا تَنقُضُوا الأَيْمَانَ بَعْدَ تَوْكِيدِهَا﴾ [النحل (91)]. وقال تَعَالَى: ﴿يَا أَيُّهَا الَّذِينَ آمَنُوا أَوْفُوا بِالعُقُودِ﴾ [المائدة(1)]. قال ابن عباس: يعني: العهود. يعني: ما أحلَّ الله، وما حرَّم، وما حدٍّ في القرآن كله ولا تغدروا، ولا تنكثوا. وقال زيد بن أسلم: هي ستة: عهد الله، وعقد الحلف، وعقد الشركة، وعقد البيع، وعقد النكاح، وعقد اليمين. وقال تَعَالَى: ﴿يَا أَيُّهَا الَّذِينَ آمَنُوا لِمَ تَقُولُونَ مَا لَا تَفْعَلُونَ * كَبُرَ مَقْتاً عِنْدَ اللهِ أَنْ تَقُولُوا مَا لَا تَفْعَلُونَ﴾ [الصف (2، 3)]. المقت: أشد البغض. وفي الآية وعيدٌ شديدٌ لمخالف الوعد، وناكث العهد.

Allah, the Exalted, says:

"And fulfill (every) covenant. Verily! The covenant will be questioned about. (17:34)

"And fulfill the Covenant of Allah (Bai'ah: pledge for Islam) when you have covenanted." (16:91)

"O you who believe! Fulfill (your) obligations." (5:1)

"O you who believe! Why do you say that which you do not do? Most hateful it is with Allah that you say that which you do not do." (61:2,3)

[689] وعن أبي هريرة أنّ رسول الله قَالَ: «آيَةُ المُنَافِقِ ثَلَاثٌ: إِذَا حَدَّثَ كَذَبَ، وَإِذَا

وَعَدَ أخْلَفَ، وَإِذَا اؤْتُمِنَ خَانَ». متفقٌ عَلَيْهِ.زَادَ في روايةٍ لمسلم: «وإنْ صَامَ وَصَلَّى وَزَعَمَ أنَّهُ مُسْلِمٌ».

689. Abu Hurairah ﷺ reported: Messenger of Allah ﷺ said, "Three are the signs of a hypocrite: When he speaks, he lies; when he makes a promise, he breaks it; and when he is trusted, he betrays his trust." [Al-Bukhari and Muslim].

Another narration adds the words: "Even if he observes Saum (fasts), performs Salat (prayer) and claims to be a Muslim."

[690] وعن عبد الله بن عمرو بن العاص رضي الله عنهما أنَّ رسول الله قَالَ: «أرْبَعٌ مَنْ كُنَّ فِيهِ كَانَ مُنَافِقاً خَالِصاً، وَمَنْ كَانَتْ فِيهِ خَصْلَةٌ مِنْهُنَّ كَانَتْ فِيهِ خَصْلَةٌ مِنَ النِّفَاقِ حَتَّى يَدَعَهَا: إِذَا اؤْتُمِنَ خَانَ، وَإِذَا حَدَّثَ كَذَبَ، وَإِذَا عَاهَدَ غَدَرَ، وَإِذَا خَاصَمَ فَجَرَ». متفقٌ عَلَيْهِ. النفاق: هو إظهار الخير وإسرار الشر، وهو نوعان: اعتقادي، وعملي. فالاعتقادي: هو النفاق الأكبر، وصاحبه مع الكفار مخلد معهم في النار. قال الله تعالى: ﴿الْمُنَافِقُونَ وَالْمُنَافِقَاتُ بَعْضُهُم مِّن بَعْضٍ يَأْمُرُونَ بِالْمُنكَرِ وَيَنْهَوْنَ عَنِ الْمَعْرُوفِ وَيَقْبِضُونَ أَيْدِيَهُمْ نَسُواْ اللّهَ فَنَسِيَهُمْ إِنَّ الْمُنَافِقِينَ هُمُ الْفَاسِقُونَ * وَعَدَ الله الْمُنَافِقِينَ وَالْمُنَافِقَاتِ وَالْكُفَّارَ نَارَ جَهَنَّمَ خَالِدِينَ فِيهَا هِيَ حَسْبُهُمْ وَلَعَنَهُمُ اللّهُ وَلَهُمْ عَذَابٌ مُّقِيمٌ﴾ [التوبة (67،68)]. وقال تعالى: ﴿إِنَّ الْمُنَافِقِينَ يُخَادِعُونَ اللّهَ وَهُوَ خَادِعُهُمْ وَإِذَا قَامُواْ إِلَى الصَّلاَةِ قَامُواْ كُسَالَى يُرَآؤُونَ النَّاسَ وَلاَ يَذْكُرُونَ اللّهَ إِلاَّ قَلِيلاً﴾ [النساء (142)] إلى آخر الآيات. والنفاق العملي: هو النفاق الأصغر وهو من كبائر الذنوب.

690. 'Abdullah bin 'Amr bin Al-'as ﷺ reported: The Messenger of Allah ﷺ said, "Four are the qualities which, when found in a person, make him a sheer hypocrite, and one who possesses one of them, possesses one characteristic of hypocrisy until he abandons it. These are: When he is entrusted with something, he betrays trust; when he speaks, he lies; when he promises, he acts treacherously; and when he argues, he behaves in a very imprudent, insulting manner." [Al-Bukhari and Muslim].

[691] وعن جابر قال: قَالَ لِي النبيُّ: «لَوْ قَدْ جَاءَ مَالُ الْبَحْرَيْنِ أعْطَيْتُكَ هكَذَا وَهكَذَا» فَلَمْ يَجِئْ مَالُ الْبَحْرَيْنِ حَتَّى قُبِضَ النبي فَلَمَّا جَاءَ مَالُ الْبَحْرَيْنِ أمَرَ أَبُو بَكْرٍ فَنَادَى: مَنْ كَانَ لَهُ عِنْدَ رسول الله عِدَةٌ أَوْ دَيْنٌ فَلْيَأتِنَا، فَأتَيْتُهُ وَقُلْتُ لَهُ: إنَّ النَّبيَّ قَالَ لِي كَذَا وَكَذَا، فَحَثَى لِي حَثْيَةً فَعَدَدْتُهَا، فَإِذَا هِيَ خَمْسُ مِئَةٍ، فَقَالَ لِي: خُذْ

مِثْلَيْهَا. متفقٌ عَلَيْهِ. لما كان النبي أولى الناس بمكارم الأخلاق أدى أبو بكر مواعيده عنه، ولم يسأله البينة على ما ادّعاه.

691. Jabir reported: The Prophet said to me, "When the revenues of Bahrain will arrive, I shall give you such and such and such." He passed away before the revenues were received. When they arrive during the caliphate of Abu Bakr, he ordered to be announced: "Anyone whom Messenger of Allah promised or owed anything, should come to him." I went to him and said: "Messenger of Allah had said to me such and such." He took a double handful out of the money and gave it to me. I counted it and found that it was five hundred dirham. Then Abu Bakr said to me: "Take twice as much more of that amount." [Al-Bukhari and Muslim].

son, John, reported: 'The Prophet said to me, "When the revenues of Bahrain will arrive, I shall give you such and such and such." He gave all away before the revenues were so paid. When they arrived during the caliphate of Abu Bakr, he ordered to be announced: Anyone whom Messenger of Allah's promised or owed anything, should come to him." I went to him and said Messenger of Allah's had told to me such and such." He took a fistful handful out of the money and gave it to me. I counted it and found that it was not a little bit dubbias. Then Abu Bakr said to me, "Take twice as much more of that amount." [Bukhari and Muslim].

CHAPTER 87
Safeguarding and Perpetuating Good Habits
[692-692 of 1896]

قَالَ الله تَعَالَى: ﴿إِنَّ اللَّهَ لَا يُغَيِّرُ مَا بِقَوْمٍ حَتَّى يُغَيِّرُوا مَا بِأَنْفُسِهِمْ﴾. [الرعد (11)]. أي: لا يغير نعمةً أنعمها على قوم حتى يُغَيِّروا ما بأنفسهم فيعصوا ربهم. وقال تَعَالَى: ﴿وَلَا تَكُونُوا كَالَّتِي نَقَضَتْ غَزْلَهَا مِنْ بَعْدِ قُوَّةٍ أَنْكَاثًا﴾ [النحل (92)]. و«الأَنْكَاثُ»: جَمْعُ نِكْث، وَهُوَ الغَزْلُ المَنْقُوضُ. قال مجاهد وغيره: هذا مثل لمن نقض عهده بعد توكيده. قال: كانوا يخالفون الحلفاء فيجدون أكثر منهم وأعز فينقضون حلف هؤلاء ويحالفون أولئك الذين هم أكثر وأعز فنهوا عن ذلك. والآية تتناول نقض سائر العهود؛ لأن القرآن يعم بلفظه ولا يُقْصَرُ على سبب نزوله، وقد قال الله تعالى: ﴿يَا أَيُّهَا الَّذِينَ آمَنُوا أَطِيعُوا اللَّهَ وَأَطِيعُوا الرَّسُولَ وَلَا تُبْطِلُوا أَعْمَالَكُمْ﴾ [محمد (33)]. وقال تَعَالَى: ﴿وَلَا يَكُونُوا كَالَّذِينَ أُوتُوا الكِتَابَ مِنْ قَبْلُ فَطَالَ عَلَيْهِمُ الأَمَدُ فَقَسَتْ قُلُوبُهُمْ﴾ [الحديد (16)]. قال ابن عباس: مالوا على الدنيا وأعرضوا عن مواعظ الله. قال البغوي: والمعنى أنَّ الله عزَّ وجلَّ ينهى المؤمنين أن يكونوا - في صحبة القرآن - كاليهود الذين قست قلوبهم لما طال عليهم الدهر. وقال تَعَالَى: ﴿فَمَا رَعَوْهَا حَقَّ رِعَايَتِهَا﴾ [الحديد (27)]. قال ابن كثير: أي: فما قاموا بما التزموه حق القيام، وهذا ذم لهم من وجهين: أحدهما: الابتداع في دين الله ما لم يأمر به الله. والثاني: في عدم قيامهم بما التزموه مما زعموا أنه قربة يقربهم إلى الله عزَّ وجلَّ.

Allah, the Exalted, says:

> "Verily, Allah will not change the (good) condition of a people as long as they do not change their state (of goodness) themselves (by committing sins and by being ungrateful and disobedient to Allah)." (13:11)

> "And be not like her who undoes the thread which she has spun, after it has become strong." (16:92)

"... lest they become as those who received the Scripture [the Taurat (Torah) and the Injeel (Gospel)] before (i.e., Jews and Christians), and the term was prolonged for them and so their hearts were hardened?" (57:16)

"But that they did not observe it with the right observance." (57:27)

[692] وعن عبد الله بن عمرو بن العاص رضي الله عنهما، قَالَ: قَالَ لي رسول الله: «يَا عبْدَ اللهِ، لا تَكُنْ مِثْلَ فُلانٍ، كَانَ يَقُومُ اللَّيْلَ فَتَرَكَ قِيَامَ اللَّيْلِ». متفقٌ عَلَيْهِ. فيه: استحباب الدوام على ما اعتاده المرء من خير، وكراهة قطع العبادة وإن لم تكن واجبةً.

692. 'Abdullah bin 'Amr bin Al-'as reported: Messenger of Allah said to me, "O 'Abdullah! Do not be like so-and-so; he used to get up at night for optional prayer but abandoned it later." [Al-Bukhari and Muslim].

CHAPTER 88

Excellence of meeting with a smiling Countenance and Politeness in Speech [693-695 of 1896]

قَالَ الله تَعَالَى: ﴿وَاخْفِضْ جَنَاحَكَ لِلْمُؤْمِنِينَ﴾ [الحجر (88)] أي: لِينَ جانبك، وتواضع للمؤمنين وقال تَعَالَى: ﴿وَلَوْ كُنْتَ فَظّاً غَلِيظَ القَلْبِ لانْفَضُّوا مِنْ حَوْلِكَ﴾ [آل عمران (159)]. أي: لو كنت عنيفًا قاسي القلب لنفروا عنك.

Allah, the Exalted, says:

> "And lower your wings for the believers (be courteous to the fellow-believers)." (15:88)

> "And had you been severe and harsh-hearted, they would have broken away from about you." (3:159)

[693] وعن عدي بن حاتم قال: قَالَ رسول الله: «اتَّقُوا النَّارَ وَلَوْ بِشِقِّ تَمْرَةٍ فَمَنْ لَمْ يَجِدْ فَبِكَلِمَةٍ طَيِّبَةٍ». متفقٌ عَلَيْهِ. أي: اتخذوا ما يقيكم من النار ولو كان يسيرًا من مال، أو خلق حسن.

693. 'Adi bin Hatim reported: Messenger of Allah said, "Guard yourselves against the Fire (of Hell) even if it be only with half a date-fruit (given in charity); and if you cannot afford even that, you should at least say a good word." [Al-Bukhari and Muslim].

[694] وعن أبي هريرة أنَّ النبي قَالَ: «وَالكَلِمَةُ الطَّيِّبَةُ صَدَقَةٌ». متفقٌ عَلَيْهِ، وَهُوَ بعض حديث تقدم بطوله. الكلمة الطيبة: كالأمر بالمعروف، والنهي عن المنكر والشفاعة الحسنة، والإصلاح بين الناس ونحو ذلك.

694. Abu Hurairah reported: The Prophet said, "It is also

charity to utter a good word." [Al-Bukhari and Muslim].

[695] وعـن أبي ذَرٍّ قال: قَـالَ لي رسول الله: «لا تَحْقِرَنَّ مِنَ الْمَعْرُوفِ شَيْئاً، وَلَوْ أَنْ تَلْقَى أَخَاكَ بِوَجْهٍ طَلِيقٍ». رواه مسلم الوجه الطليق: هـو المتهلل بالبشر والابتسام. قال الشاعر:بَشَاشَـةُ وَجْهِ المَـرْءِ خَيْرٌ مِنَ القِـرَى فَكَيْـفَ بِمَـنْ يُقْرِي القِرَى وَهُـوَ يَضْحَكُ.

695. Abu Dharr reported: Messenger of Allah said, "Do not disdain a good deed, (no matter how small it may seem) even if it is your meeting with your (Muslim) brother with a cheerful face." [Muslim].

CHAPTER 89

Clarity of Discourse [696-697 of 1896]

وتكريره ليفهم إذا لَمْ يفهم إلا بذلك [696] عن أنس أنَّ النَّبِيَّ كَانَ إِذَا تَكَلَّمَ بِكَلِمَةٍ أَعَادَهَا ثَلَاثاً حَتَّى تُفْهَمَ عَنْهُ، وَإِذَا أَتَى عَلَى قَوْمٍ فَسَلَّمَ عَلَيْهِمْ سَلَّمَ عَلَيْهِمْ ثَلاثاً. رواه البخاري. قال ابن بطال: إنما كان تكرار الكلام والسلام إذا خشي أن لا يفهم عنه، أو لا يسمع سلامه. وفيه: أن الثلاث غاية ما يقع فيه البيان.

696. Anas reported: Whenever the Prophet said something, he would repeat his words thrice so that the meanings would be understood fully; and whenever he came upon a group of people, he would greet them, and he would repeat salutation thrice. [Al-Bukhari and Muslim].

[697] وعن عائشة رضي الله عنها، قالت: كَانَ كَلَامُ رسول الله كَلَاماً فَصْلاً يَفْهَمُهُ كُلُّ مَنْ يَسْمَعُهُ. رواه أبو داود. أي: أن كلامه بيّن ظاهر لكل من سمعه ليس فيه تعقيد ولا تطويل. قال: «أعطيتُ جوامعَ الكلم واختصر لي الكلام اختصاراً». انتهى. وجوامع الكلم أن تجمع المعاني الكثيرة في اللفظ القليل.

697. 'Aishah reported: the speech of Messenger of Allah was so clear that all those who listened to it would understand it. [Abu Dawud].

CHAPTER 90

Listening Attentively [698-698 of 1896]

الذي ليس بحرام واستنصات العالم والواعظ حاضري مجلسه [698] عن جرير بن عبدِ اللهِ قال: قَالَ لي رسول الله في حَجَّةِ الْوَدَاعِ: «اسْتَنْصِتِ النَّاسَ» ثُمَّ قَالَ: «لا تَرْجِعُوا بَعْدِي كُفّاراً يَضْرِبُ بَعْضُكُمْ رِقَابَ بَعْضٍ». متفقٌ عَلَيْهِ. فيه: الأمر بالإنصات للعلماء والأمراء. وفيه: وعيدٌ شديدٌ في التقاتل بين المسلمين، واجتناب الأسباب المؤدية إلى ذلك من التقاطع، والتحاسد، والتباغض، والتدابر والتظالم.

698. Jarir bin 'Abdullah ﷺ reported: Messenger of Allah ﷺ asked me on the occasion of the Farewell Pilgrimage to tell the people to keep silent, then he ﷺ said, "Do not revert to disbelief after me, chopping the heads of one another." [Al-Bukhari and Muslim].

CHAPTER 91
Brevity in Preaching [699-702 of 1896]

قَالَ اللهُ تَعَالَى: ﴿ادْعُ إِلَىٰ سَبِيلِ رَبِّكَ بِالْحِكْمَةِ وَالْمَوْعِظَةِ الْحَسَنَةِ﴾ [النحل (125)]. في هذه الآية: الأمر بالدعاء إلى دين الله، وتوحيده بالقرآن، وما فيه من المواعظ بلين ورفق من غير تغليظ، ولا تعنيف، ولهذا قال: ﴿وَجَادِلْهُم بِالَّتِي هِيَ أَحْسَنُ﴾ [النحل (125)].

Allah, the Exalted, says:

"Invite (mankind, O Muhammad ﷺ) to the way of your Rubb (i.e., Islam) with wisdom (i.e., with the Divine Revelation and the Qur'an) and fair preaching." (16:125)

[699] وعن أبي وائل شقيق بن سلمة، قال: كَانَ ابْنُ مَسْعُودٍ يُذَكِّرُنَا فِي كُلِّ خَمِيسٍ مرة، فَقَالَ لَهُ رَجُلٌ: يَا أَبَا عَبْدِ الرَّحْمَنِ، لَوَدِدْتُ أَنَّكَ ذَكَّرْتَنَا كُلَّ يَوْمٍ، فَقَالَ: أَمَا إِنَّهُ يَمْنَعُنِي مِنْ ذَلِكَ أَنِّي أَكْرَهُ أَنْ أُمِلَّكُمْ، وَإِنِّي أَتَخَوَّلُكُمْ بِالْمَوْعِظَةِ، كَمَا كَانَ رسول الله يَتَخَوَّلُنَا بِهَا مَخَافَةَ السَّآمَةِ عَلَيْنَا. متفقٌ عليه. «يَتَخَوَّلُنَا»: يَتَعَهَّدُنَا. الموعظة: الوعظ، وهو الترغيب في ثواب الله لمن أطاعه، والترهيب من عقابه لمن عصاه. وفي الحديث: مراعاة الأوقات في التذكير، لأن النفوس من طبعها الملل مما يداوم عليه وإن كان محبوباً لها.

699. Shaqiq bin Salamah reported: Ibn Mas'ud ؓ used to preach to us once every Thursday. A man said to him: "O Abu 'Abdur-Rahman, we love your talk and we wish that you preach us every day." He said: "There is nothing to prevent me from doing so, but I don't lest I bore you. I follow the same method in preaching to you that Messenger of Allah ﷺ adopted in preaching to us for fear of boredom." [Al-Bukhari and Muslim].

[700] وعن أبي اليقظان عمار بن ياسر رضي الله عنهما، قَالَ: سَمِعْتُ رسول الله يقول:

«إنَّ طُولَ صَلاَةِ الرَّجُلِ، وَقِصَرَ خُطْبَتِهِ، مَئِنَّةٌ مِنْ فِقهِهِ، فأطِيلُوا الصَّلاَةَ وَأقْصِرُوا الْخُطْبَةَ».
رواه مسلم «مَئِنَّةٌ» بميم مفتوحة ثُمَّ همزة مكسورة ثُمَّ نون مشددة، أيْ: عَلاَمَةٌ دَالَّةٌ عَلَى فِقْهِهِ. إنما كان قصر الخطبة علامة على فقه الرجل، لأن الفقيه هو المطلع على حقائق المعاني، وجوامع الألفاظ فيتمكن من التعبير بالكلام الجزل المفيد.

700. 'Ammar bin Yasir (May Allah be pleased with them) reported: I heard Messenger of Allah ﷺ saying, "Prolonging Salat (prayer) and shortening the Khutbah (religious talk) indicate the religious knowledge of the person. Make your Salat long and your sermon short." [Muslim].

[701] وعن مُعاوِيَة بن الحكم السُّلَمي قال: بَيْنَا أنَا أُصَلّي مَعَ رسول الله إذْ عَطَسَ رَجُلٌ مِنَ القَوْمِ، فَقُلْتُ: يَرْحَمُكَ اللهُ، فَرَمَانِي القَوْمُ بِأبْصَارِهِمْ! فَقُلْتُ: وَاثُكْلَ أُمِّيَاهُ، مَا شَأنُكُمْ تَنْظُرُونَ إلَيَّ؟! فَجَعَلُوا يَضْرِبُونَ بأيديهم عَلَى أفْخَاذِهِمْ! فَلَمَّا رَأيْتُهُمْ يُصَمِّتُونَنِي لكِنّي سَكَتُّ، فَلَمَّا صَلَّى رسول الله فَبِأبِي هُوَ وَأُمِّي، مَا رَأيْتُ مُعَلِّماً قَبْلَهُ وَلا بَعْدَهُ أحْسَنَ تَعْلِيماً مِنْهُ، فَوَاللهِ مَا كَهَرَنِي، وَلا ضَرَبَنِي، وَلا شَتَمَنِي. قَالَ: «إنَّ هذِهِ الصَّلاَةَ لا يَصْلُحُ فِيهَا شَيْءٌ مِنْ كَلامِ النَّاسِ، إنَّمَا هِيَ التَّسْبِيحُ وَالتَّكْبِيرُ، وَقِراءةُ القُرْآنِ»، أوْ كَمَا قَالَ رسول الله. قلتُ: يَا رسول الله، إنِّي حَدِيثُ عَهْدٍ بِجَاهِلِيَّةٍ، وَقَدْ جَاءَ اللهُ بِالإسْلاَمِ، وَإنَّ مِنّا رِجَالاً يَأتُونَ الْكُهّانَ؟ قَالَ: «فَلا تَأتِهِمْ» قُلْتُ: وَمِنّا رِجَالٌ يَتَطَيَّرُونَ؟ قَالَ: «ذَاكَ شَيْءٌ يَجِدُونَهُ في صُدُورِهِمْ فَلا يَصُدَّنَّهُمْ». رواه مسلم.«الثُكْلُ» بضم الثاءِ المثلثة: المُصيبَةُ الفَجِيعَةُ. «مَا كَهَرَنِي» أيْ: مَا نَهَرَنِي. قوله: «إنما هي التسبيح»، أي: إنما الكلمات الصالحة فيها التسبيح والتكبير وقراءة القرآن ونحو ذلك. وفي رواية: إنما هو، أي: الذي يصلح في الصلاة التسبيح ونحوه. وفي الحديث: أن من تكلم جاهلاً لا تبطل صلاته. وفيه: النهي عن إتيان الكهان، والنهي عن التطير، وعن العمل بالطيرة.

701. Mu'awiyah bin Al-Hakam As-Sulami ؓ reported: While I was in Salat with Messenger of Allah ﷺ, a man in the congregation sneezed and I responded with: 'Yarhamuk-Allah (Allah have mercy on you).' The people stared at me with disapproving looks. So I said: "May my mother lose me. Why are you staring at me?" Thereupon, they began to strike their thighs with their hands. When I saw them urging to me to remain silent, I became angry but restrained myself. When Messenger of Allah ﷺ concluded his Salat. I have never before seen an instructor who gave better instruction than he, may my father and mother be sacrificed for

him. He neither remonstrated me, nor beat me, nor abused me. He simply said, "It is not permissible to talk during Salat because it consists of glorifying Allah, declaring His Greatness as well as recitation of the Qur'an," or he said words to that effect." I said: "O Allah's Messenger, I have but recently accepted Islam, and Allah has favoured us with Islam. There are still some people among us who go to consult soothsayers." He said, "Do not consult them." Then I said: "There are some of us who are guided by omens." He said, "These things which come to their minds. They should not be influenced by them." (Muslim).

[702] وعـن العِرْبـاض بـن سـاريةَ قـال: وَعَظَنَـا رسـول الله مَوْعِظَـةً وَجِلَـتْ مِنْهَـا القُلُوبُ، وَذَرَفَتْ مِنْهَا العُيُونُ... وَذَكَرَ الحَدِيـثَ وَقَدْ سَبَقَ بِكَمَالِـهِ في بـاب الأمْـر بالمُحَافَظَـةِ عَلَى السُّنَّة، وَذَكَرْنَـا أَنَّ التِّرْمِـذِيَّ، قَـالَ: (إنَّـه حديث حسـن صحيح. (في الحديث: اسـتحباب الموعظـة بمـا يحرك القلوب مـن الـكلام الجـزل الجامـع البليـغ.

702. 'Irbad bin Sariyah reported: One day, Messenger of Allah delivered a very effective speech, as a result, eyes shed tears and hearts became softened. A man said: "O Prophet of Allah! It sounds as if this is a farewell speech, so advise us." He said, "I admonish you to fear Allah, and to listen and obey even if a black slave has been appointed as your leader. For whoever among you lives after me will see much discord. So hold fast to my Sunnah and the Sunnah of the Rightly-Guided Caliphs who will come after me. Adhere to them and hold fast to them. Beware of Bid'ah (in religion) because every Bid'ah is a misguidance." [Abu Da wud and At-Tirmidhi].

CHAPTER 92

Dignity and Tranquility [703-703 of 1896]

قَـالَ اللـه تَعَـالَى: ﴿وَعِبَـادُ الرَّحْمـنِ الَّذِيـنَ يَمْشُـونَ عَـلَى الأَرْضِ هَوْنـاً وَإِذَا خَاطَبَهُـمُ الْجَاهِلُـونَ قَالُـوا سَـلاَمَاً﴾ [الفرقان.(63)] الهون: السـكينة والوقار، أي: يمشـون متواضعين غير أشريـن، ولا مرحـين، ولا متكبِّريـن. قـال محمـد بـن الحنفيـة: أصحـاب وقـار وعفة لا يسـفهون، وإن سـفه عليهـم حلمـوا. وقـال الحسـن البـصري: إنَّ المؤمنـين قـوم ذلل ذلت منهـم واللـه الأسـماع، والأبصـار، والجـوارح حتى يحسـبهم الجاهل مرضى ومـا بالقوم من مـرض وإنهـم واللـه لأصحّـاء، ولكنهـم دخلهـم من الخـوف مـا لم يدخل غيرهـم، ومنعهم مـن الدنيـا علمهـم بالآخـرة. فقالـوا: الحمـد للـه الـذي أذهـب عنـا الحـزن، أمـا واللـه ما أحزنهـم مـا أحـزن النـاس، ولا تعاظـم في نفوسـهم شيء طلبـوا بـه الجنـدَ ولكـن أبكاهـم الخـوف مـن النـار أنـه مـن لم يتعـزى بعـزاء اللـه تقطع نفسـه عـن الدنيا حـسرات. ومن لم يـر للـه نعمـة إلا في مطعـم أو مـشرب فقـد قـلَّ علمـه، وحـضر عذابـه. قال ابـن كثير: والمـراد بالهـون هنـا: لسـكينة والوقـار، وليـس المـراد أنهم يمشـون كالمـرض تصنُّعًـا ورياء. فقـد كان سـيِّد ولـد آدم إذا مـشى كأنمـا ينحـط مـن صبـب، وكأنمـا الأرض تطـوى له.

Allah, the Exalted, says:

> "And the (faithful) slaves of the Most Gracious (Allah) are those who walk on the earth in humility and sedateness, and when the foolish address them (with bad words) they reply back with mild words of gentleness." (25:63)

[703] وعـن عائشـة رضي اللـه عنهـا قالـت: مَـا رَأَيْتُ رسـول الله مُسْـتَجْمِعاً قَـطُّ ضَاحِكاً حَتَّـى تُـرَى مِنـهُ لَهَوَاتُـهُ إِنَّمَـا كَانَ يَتَبَسَّـمُ. متفـقٌ عَلَيْهِ.«اللَّهْـوَاتُ» جَمْـعُ لَهَـاةٍ: وَهِـيَ اللَّحْمَـةُ الَّتـي في أَقْـصى سَـقْفِ الْفَـمِ. كان النبـي يبتسـم ويضحـك ولا يبالـغ في الضحـك.

703. 'Aishah ﷺ reported: I have never seen Messenger of Allah ﷺ laughing so heartily that his uvula could be seen. He used to

smile only. [Al-Bukhari and Muslim].

CHAPTER 93

Excellence of Walking Solemnly (Towards the Mosque) to perform As-Salat (The Prayer) and other Religious Duties [704-705 of 1896]

والعلم ونحوهما من العبادات بالسكينة والوقار قَالَ الله تَعَالَى: ﴿وَمَنْ يُعَظِّمْ شَعَائِرَ اللهِ فَإِنَّهَا مِنْ تَقْوَى الْقُلُوبِ﴾. الحج. [(32)] أي: تعظيم أوامر الله ناشئ من تقوى قلوبهم.

Allah, the Exalted, says:

> "And whosoever honours the Symbols of Allah, then it is truly from the piety of the heart." (22:32)

[704] وعن أبي هريرة قال: سمعتُ رسول الله يقول: «إِذَا أُقِيمَتِ الصَّلَاةُ، فَلَا تَأْتُوهَا وَأَنْتُمْ تَسْعَوْنَ، وَأْتُوهَا وَأَنْتُمْ تَمْشُونَ، وَعَلَيْكُمُ السَّكِينَةُ، فَمَا أَدْرَكْتُم فَصَلُّوا وَمَا فَاتَكُمْ فَأَتِمُّوا». متفقٌ عَلَيْهِ. زاد مسلمٌ في روايةٍ لَهُ: «فَإِنَّ أَحَدَكُمْ إِذَا كَانَ يَعْمِدُ إِلَى الصَّلَاةِ فَهُوَ فِي صَلَاةٍ». قال النووي: السكينة: التأني في الحركات، واجتناب العبث والوقار في الهيئة كغض البصر، وخفض الصوت، وعدم الالتفات. قوله: «فما أدركتم فصلوا وما فاتكم فأتموا»، أي: أكملوا ما بقي من صلاتكم.

704. Abu Hurairah ؓ reported: I heard the Messenger of Allah ﷺ saying, "When the Iqamah are pronounced, do not come to it running, you should walk calmly with tranquillity to join the congregation. Then join in what you catch for and complete what you miss." [Al-Bukhari and Muslim].

In Muslim it is added: Messenger of Allah ﷺ said, "For when one of you is walking for Salat, he is, in fact, engaged in Salat."

[705] وعن ابن عباس رضي الله عنهما: أنَّهُ دَفَعَ مَعَ النَّبِيِّ يَوْمَ عَرَفَةَ فَسَمِعَ النَّبِيُّ وَرَاءهُ زَجْراً شَدِيداً وَضَرْباً وَصَوْتاً لِلإِبْلِ، فَأَشَارَ بِسَوْطِهِ إِلَيْهِمْ، وقال: «أَيُّهَا النَّاسُ،

عَلَيْكُمْ بِالسَّكِينَةِ، فَإِنَّ الْبِرَّ لَيْسَ بِالإِيضَاعِ» رواه البخاري، وروى مسلم بعضه. «الْبِرُّ»: الطَّاعَةُ. وَ«الإِيضَاعُ» بِضادٍ معجمةٍ قبلها ياءٌ وهمزةٌ مكسورةٌ، وَهُوَ: الإِسْرَاعُ. أي: أن البر ليس بالعجلة وإنما هو بالخضوع، والخشوع والاستكانة لمن لا يخفى عليه شيء في الأرض ولا في السماء.

705. Ibn 'Abbas (May Allah be pleased with them) reported: I accompanied the Prophet ﷺ while we were returning from 'Arafat. Messenger of Allah ﷺ heard behind him a loud noise of beating and of driving the camels forcibly. He pointed towards it with his whip and said, "O people! Proceed calmly. No virtue lies in rushing." [Al-Bukhari and Muslim].

CHAPTER 94

Honoring the Guest [706-707 of 1896]

قَالَ اللهُ تَعَالَى: ﴿هَلْ أَتَاكَ حَدِيثُ ضَيْفِ إِبْرَاهِيمَ الْمُكْرَمِينَ * إِذْ دَخَلُوا عَلَيْهِ فَقَالُوا سَلَامًا قَالَ سَلَامٌ قَوْمٌ مُنْكَرُونَ * فَرَاغَ إِلَى أَهْلِهِ فَجَاءَ بِعِجْلٍ سَمِينٍ * فَقَرَّبَهُ إِلَيْهِمْ قَالَ أَلَا تَأْكُلُونَ﴾ [الذاريات (24: 27)]. قوله: ﴿هَلْ أَتَاكَ حَدِيثُ ضَيْفِ إِبْرَاهِيمَ الْمُكْرَمِينَ﴾، فيه تعظيم لشأن هذا الحديث، وتنبيه على أنه إنما عرف ذلك بالوحي، ﴿إِذْ دَخَلُوا عَلَيْهِ فَقَالُوا سَلَاماً﴾، أي: نسلم عليكم سلامًا. قال: ﴿قَالَ سَلَامٌ﴾، أي: عليكم ﴿قَوْمٌ مُنكَرُونَ﴾، أي: أنتم قوم لا نعرفكم، ﴿فَرَاغَ إِلَى أَهْلِهِ﴾، أي: انسل خفيةً في سرعة، ﴿فَجَاء بِعِجْلٍ سَمِينٍ * فَقَرَّبَهُ إِلَيْهِمْ قَالَ أَلَا تَأْكُلُونَ﴾، وهذه الآية انتظمت آداب الضيافة فإنه جاء بطعام بسرعة من حيث لا يشعرون وأتى بأفضل ما وجد من ماله ووضعه بين أيديهم، وقال: ألا تأكلون؟ على سبيل العرض والتلطف. وقال تَعَالَى: ﴿وَجَاءَهُ قَوْمُهُ يُهْرَعُونَ إِلَيْهِ وَمِنْ قَبْلُ كَانُوا يَعْمَلُونَ السَّيِّئَاتِ قَالَ يَا قَوْمِ هَؤُلَاءِ بَنَاتِي هُنَّ أَطْهَرُ لَكُمْ فَاتَّقُوا اللهَ وَلَا تُخْزُونِ فِي ضَيْفِي أَلَيْسَ مِنْكُمْ رَجُلٌ رَشِيدٌ﴾ [هود (78)]. ﴿وَجَاءَهُ﴾، أي: لوطًا ﴿قَوْمُهُ يُهْرَعُونَ إِلَيْهِ﴾ يسرعون إليه عجلة لنيل مطلوبهم من أضيافه. ﴿وَمِن قَبْلُ كَانُواْ يَعْمَلُونَ السَّيِّئَاتِ﴾ أي: يأتون الرجال، يعني هذه عادتهم من قبل. ﴿قَالَ يَا قَوْمِ هَؤُلاء بَنَاتِي﴾، أي: فتزوَّجوهن واتركوا أضيافي. وقال الشيخ ابن سعدي: ﴿وَجَاءَهُ قَوْمُهُ يُهْرَعُونَ إِلَيْهِ﴾، يريدون فعل الفاحشة بأضياف لوط. فقال: ﴿يَا قَوْمِ هَؤُلاء بَنَاتِي هُنَّ أَطْهَرُ لَكُمْ﴾، لعلمه أنه لا حق بهم فيهن كما عرض سليمان للمرأتين حين اختصما في الولد. فقال: ائتوني بالسكين أشقه بينكما. ومن المعلوم أنه لا يقع ذلك، وهذا مِثْلُه. ولهذا قال قومه: ﴿لَقَدْ عَلِمْتَ مَا لَنَا فِي بَنَاتِكَ مِنْ حَقٍّ وَإِنَّكَ لَتَعْلَمُ مَا نُرِيدُ﴾ [هود (79)]، وأيضًا يريد بعض العذر من أضيافه.

Allah, the Exalted, says:

> "Has the story reached you, of the honoured guests [three angels; Jibril (Gabriel) along with another two] of Ibrahim (Abraham)? When they came in to him and said: 'Salam (peace be upon you),' He answered: 'Salam (peace be upon you),' and said: 'You are a

people unknown to me.' Then he turned to his household, and brought out a roasted calf [as the property of Ibrahim (Abraham) was mainly cows]. And placed it before them, (saying): 'Will you not eat?"' (51: 24-27)

"And his (Lut's) people came rushing towards him, and since aforetime they used to commit crimes (sodomy), he said: 'O my people! Here are my daughters (i.e., the women of the nation), they are purer for you (if you marry them lawfully). So fear Allah and degrace me not with regard to my guests! Is there not among you a single right-minded man? "' (11:78)

[706] وعن أَبي هريرة أنَّ النبي قَالَ: «مَنْ كَانَ يُؤْمِنُ بِاللهِ وَاليَوْمِ الآخِرِ فَلْيُكْرِمْ ضَيْفَهُ، وَمَنْ كَانَ يُؤْمِنُ بِاللهِ وَاليَومِ الآخِرِ، فَلْيَصِلْ رَحِمَهُ، وَمَنْ كَانَ يُؤْمِنُ بِاللهِ وَاليَومِ الآخِرِ، فَلْيَقُلْ خَيْراً أَوْ لِيَصْمُتْ». متفقٌ عَلَيْهِ. إكرام الضيف تلقيه بطلاقة الوجه، وتعجيل قراه. وفيه: أن إكرام الضيف، وصلة الرحم، وقول الخير، والصمات عن الشر من الإيمان.

706. Abu Hurairah ﵁ reported: The Prophet ﷺ said, "He who believes in Allah and the Last Day, let him show hospitality to his guest; and he who believes in Allah and the Last Day, let him maintain good relation with kins; and he who believes in Allah and the Last Day, let him speak good or remain silent." [Al-Bukhari and Muslim].

[707] وعن أَبي شُرَيْح خُوَيْلِدِ بن عَمرو الخُزَاعِيِّ قال: سَمِعْتُ رسول الله يقول: «مَنْ كَانَ يُؤْمِنُ بِاللهِ وَاليَوْمِ الآخِرِ فَلْيُكْرِمْ ضَيْفَهُ جَائِزَتَهُ» قالوا: وَمَا جَائِزَتُهُ؟ يَا رسول الله، قَالَ: «يَوْمُهُ وَلَيْلَتُهُ، وَالضِّيَافَةُ ثَلاَثَةُ أيَّامٍ، فَمَا كَانَ وَرَاءَ ذَلِكَ فَهُوَ صَدَقَةٌ عَلَيْهِ». متفقٌ عَلَيْهِ. وفي رواية لِمسلم: «ولا يَحِلُّ لِمُسْلِمٍ أنْ يُقِيمَ عِنْدَ أخِيهِ حَتَّى يُؤْثِمَهُ» قالوا: يَا رسول الله، وَكَيْفَ يُؤْثِمُهُ؟ قَالَ: «يُقِيمُ عِنْدَهُ وَلا شَيْءَ لَهُ يُقْرِيه بِهِ». قال العلماء: المطلوب من المضيف أن يبالغ في إكرام الضيف اليوم الأول وليلته، وفي باقي اليومين يأتي له بما تيسر من الإكرام. وفي الحديث: الحث على النظر إلى حال المضيف، والتخفيف عنه.

707. Abu Shuraih Khuwailid bin 'Amr Al-Khuza'i ﵁ reported: I heard Messenger of Allah ﷺ saying, "He who believes in Allah and the Last Day, should accommodate his guest according to his

right." He was asked: "What is his right, O Messenger of Allah?" He ﷺ replied: "It is (to accommodate him) for a day and a night, and hospitality extends for three days, and what is beyond that is charity." [Al-Bukhari and Muslim].

In Muslim it is added: Messenger of Allah ﷺ said, "It is not permissible for a Muslim to stay so long with his brother till he makes him sinful." He was asked: "O Messenger of Allah, how can he make him sinful?" He replied, "He prolongs his stay with him till nothing is left with the host to entertain him (guest)."

CHAPTER 95

Excellence of Conveying Glad Tidings and Congratulations [708-711 of 1896]

قَالَ اللهُ تَعَالَى: ﴿فَبَشِّرْ عِبَادِ الَّذِينَ يَسْتَمِعُونَ الْقَوْلَ فَيَتَّبِعُونَ أَحْسَنَهُ﴾ [الزمر، 17، 18]. التبشير: الإخبار بما يَسُرُّ، ﴿يَسْتَمِعُونَ الْقَوْلَ﴾، أي: القرآن، ﴿فَيَتَّبِعُونَ أَحْسَنَهُ﴾، أي: يعملون بما فيه. وقال السدي: أحسنُ ما يؤمرون به. وقيل: أحسنُ الأمور الخير فيها، كالعفو عن الظالم والعفو عن نصف الصداق، والعفو عن المعسر. وقال تَعَالَى: ﴿يُبَشِّرُهُمْ رَبُّهُمْ بِرَحْمَةٍ مِنْهُ وَرِضْوَانٍ وَجَنَّاتٍ لَهُمْ فِيهَا نَعِيمٌ مُقِيمٌ﴾ [التوبة، 21]. هذه أعظم بشارة؛ لأنَّ الرب عز وجل هو المبشر، والمبشر به الجنة، والخلود فيها، والرضوان من الله، والمبشرون المؤمنون. وقال تَعَالَى: ﴿وَأَبْشِرُوا بِالْجَنَّةِ الَّتِي كُنتُمْ تُوعَدُونَ﴾ [فصلت، 30]. وهذه بشارة الملائكة للمؤمنين عند الموت. وقال تَعَالَى: ﴿فَبَشَّرْنَاهُ بِغُلَامٍ حَلِيمٍ﴾ [الصافات، 101]. وهو إسماعيل عليه السلام. وقال تَعَالَى: ﴿وَلَقَدْ جَاءَتْ رُسُلُنَا إِبْرَاهِيمَ بِالْبُشْرَى﴾ [هود، 69]. وقال تَعَالَى: ﴿وَامْرَأَتُهُ قَائِمَةٌ فَضَحِكَتْ فَبَشَّرْنَاهَا بِإِسْحَاقَ وَمِنْ وَرَاءِ إِسْحَاقَ يَعْقُوبَ﴾ [هود، 71]. قال ابن كثير: فضحكت سارة استبشارًا بهلاك قوم لوط، لكثرة فسادهم وغلظ كفرهم وعنادهم، فلهذا جوزيت بالبشارة بالولد بعد الإياس. وقال تَعَالَى: ﴿فَنَادَتْهُ الْمَلَائِكَةُ وَهُوَ قَائِمٌ يُصَلِّي فِي الْمِحْرَابِ أَنَّ اللهَ يُبَشِّرُكَ بِيَحْيَى﴾ [آل عمران، 39]. قيل: سُمِّيَ محلُّ الصلاة محرابًا لأنَّ المصلي يحارب فيه الشيطان. وقال تَعَالَى: ﴿إِذْ قَالَتِ الْمَلَائِكَةُ يَا مَرْيَمُ إِنَّ اللهَ يُبَشِّرُكِ بِكَلِمَةٍ مِنْهُ اسْمُهُ الْمَسِيحُ﴾ [آل عمران، 45] الآية. قيل: سُمِّيَ عيسى عليه السلام كلمة لأنه كان بـ (كُنْ). والآيات في الباب كثيرة معلومة. وأما الأحاديث فكثيرةٌ جدًّا وهي مشهورة في الصحيح، مِنْها:

Allah, the Exalted, says:

"So announce the good news to My slaves. Those who listen to the Word [good advice La ilaha illallah (none has the right to be worshipped but Allah) and Islamic Monotheism] and follow the best thereof (i.e., worship Allah Alone, repent to Him and avoid Taghut)." (39: 17, 18)

"Their Rubb gives them glad tidings of a Mercy from Him, and that He is pleased (with them), and of Gardens (Jannah) for them wherein are everlasting delights." (9:21)

"But receive the glad tidings of Jannah which you have been promised! " (41:30)

"So we gave him the glad tidings of a forbearing boy." (37:101)

"And verily, there came Our messengers to Ibrahim (Abraham) with glad tidings." (11:69)

"And his wife was standing (there), and she laughed [either, because the messengers did not eat their food or for being glad for the destruction of the people of Lut (Lot)]. But We gave her glad tidings of Ishaq (Isaac), and after Ishaq, of Ya'qub (Jacob)." (11:71)

"Then the angels called him, while he was standing in prayer in Al-Mihrab (a praying place or a private room), (saying): 'Allah gives you glad tidings of Yahya (John).'" (3:39)

"(Remember) when the angels said: 'O Maryam (Mary)! Verily, Allah gives you the glad tidings of a Word ['Be!'- and he was! i.e., 'Isa (Jesus) the son of Maryam] from Him, his name will be the Messiah 'Isa." (3:45)

[708] عن أبي إبراهيم، ويقال: أبُو محمد، ويقال: أبُو معاوية عبد اللهِ ابن أبي أوفى رضي الله عنه: أنَّ رسـول اللـه بَشَّرَ خَديجَةَ رضي اللهُ عنها بِبَيتٍ في الجَنَّة مِنْ قَصَبٍ، لا صَخَبَ فيهِ، وَلا نَصَبَ. متفقٌ عَلَيْهِ. «القَصَبُ»: هُنَا اللُّؤْلُؤُ المُجَوَّفُ. وَ«الصَّخَبُ»: الصِّيَاحُ وَاللَّغَطُ. وَ«النَّصَبُ»: التَّعَبُ. في هذا الحديث: فضل خديجة رضي الله عنها. وفيه: أن الجنة لا تعب فيها؛ لأنها منزل تشريف وإجلال لا دار تكليف وأعمال.

708. 'Abdullah bin Abu Aufa ؓ reported: Messenger of Allah ﷺ gave glad tidings to Khadijah ؓ about a palace of hollowed pearls

in Jannah, free from noise and toil. [Al-Bukhari and Muslim].

[709] وعن أبي موسى الأشعري أنَّهُ تَوَضَّأ في بَيتهِ، ثُمَّ خَرَجَ، فَقَالَ: لأَلزَمَنَّ رسولَ الله ولأَكُونَنَّ مَعَهُ يَوْمِي هَذَا، فَجَاءَ الْمَسْجِدَ، فَسَأَلَ عَنِ النَّبيِّ فَقَالُوا: وَجَّهَ هَا هُنَا، قَالَ: فَخَرَجْتُ عَلَى أَثَرِهِ أَسْألُ عَنْهُ، حَتَّى دَخَلَ بِئْرَ أَرِيسٍ، فَجَلَسْتُ عِنْدَ الْبَابِ حَتَّى قَضَى رسولُ الله حاجتَهُ وتوضَّأ، فقمتُ إليه، فإذا هو قد جلس على بئر أريسٍ وتوسَّطَ قُفَّهَا، وكَشَفَ عَنْ ساقيه ودلاهما في البِئرِ، فسلمتُ عليه ثُمَّ انصَرَفْتُ، فجلستُ عِنْدَ البابِ، فَقُلْتُ: لأَكُونَنَّ بَوَّابَ رسولِ اللهِ الْيَوْمَ، فَجَاءَ أَبُو بَكْرٍ فَدَفَعَ الْبَابَ، فقلتُ: مَنْ هَذَا؟ فَقَالَ: أَبُو بَكْرٍ، فَقُلْتُ: عَلَى رِسْلِكَ، ثُمَّ ذَهَبْتُ، فقلتُ: يا رسول الله، هَذَا أَبُو بَكْرٍ يَسْتَأْذِنُ، فَقَالَ: «ائْذَنْ لَهُ وَبَشِّرْهُ بالجَنَّةِ» فَأَقْبَلْتُ حَتَّى قُلْتُ لأَبِي بَكْرٍ: ادْخُلْ وَرسولُ الله يُبَشِّرُكَ بالجنةِ، فَدَخَلَ أَبُو بَكرٍ حَتَّى جَلَسَ عَنْ يَمِينِ النَّبيِّ مَعَهُ في القُفِّ، ودَلَّى رِجلَيهِ في البئرِ كما صَنَعَ رسولُ الله وكَشَفَ عَنْ سَاقَيْهِ، ثُمَّ رَجَعْتُ وَجَلَسْتُ، وَقَدْ تَرَكْتُ أَخِي يَتَوَضَّأُ وَيَلْحَقُنِي، فقلتُ: إنْ يُرِدِ الله بفلانٍ -يُرِيدُ أخَاهُ -خَيْراً يَأْتِ بِهِ. فَإِذَا إنْسَانٌ يُحَرِّكُ الْبَابَ، فقلتُ: مَنْ هَذَا؟ فَقَالَ: عُمَرُ بنُ الخَطَّابِ، فقلتُ: عَلَى رِسْلِكَ، ثُمَّ جِئْتُ إلى رسولِ الله فَسَلَّمْتُ عَلَيْهِ وَقُلْتُ: هَذَا عُمَرُ يَسْتَأْذِنُ؟ فَقَالَ: «ائْذَنْ لَهُ وَبَشِّرْهُ بالجَنَّةِ» فَجِئْتُ عُمَرَ، فقلتُ: أُذِنَ وَيُبَشِّرُكَ رسولُ الله بالجنَّةِ، فَدَخَلَ فَجَلَسَ مَعَ رسولِ الله في القُفِّ عَنْ يَسَارِهِ وَدَلَّى رِجْلَيْهِ في البِئْرِ، ثُمَّ رَجَعْتُ فَجَلَسْتُ، فقلتُ: إنْ يُرِدِ اللهُ بفلانٍ خَيراً -يَعْنِي أخاهُ -يَأْتِ بِهِ، فَجَاءَ إنسانٌ فحَرَّكَ البَابَ. فَقُلْتُ: مَنْ هَذَا؟ فَقَالَ: عُثْمَانُ بنُ عَفَّانَ. فقلتُ: عَلَى رِسْلِكَ، وجِئتُ النَّبيَّ فأخبَرْتُهُ، فقال: «ائْذَنْ لَهُ وَبَشِّرْهُ بالجَنَّةِ مَعَ بَلْوَى تُصِيبُهُ» فَجِئْتُ، فقلتُ: ادْخُلْ وَيُبَشِّرُكَ رسولُ الله بالجنَّةِ مَعَ بَلْوَى تُصِيبُكَ، فَدَخَلَ فَوَجَدَ الْقُفَّ قَدْ مُلِئَ، فجلس وَجَاهَهُمْ مِنَ الشِّقِّ الآخَرِ. قَالَ سَعِيدُ بْنُ الْمُسَيِّبِ: فَأَوَّلْتُهَا قُبُورَهُمْ. متفقٌ عَلَيْهِ. وزاد في رواية: وأمرني رسولُ الله بحفظِ الباب. وفيها: أنَّ عُثْمَانَ حِينَ بَشَّرَهُ حَمِدَ اللهَ تَعَالَى، ثُمَّ قَالَ: اللهُ الْمُسْتَعَانُ. وَقَوْلُهُ: «وَجَّهَ» بفتح الواو وتشديد الجيم. أَيْ: تَوَجَّهَ. وَقَوْلُهُ: «بِئْرُ أَرِيسٍ» هُوَ بفتح الهمزة وكسر الراء وبعدها ياءٌ مثناة من تحت ساكنة ثُمَّ سين مهملة وَهُوَ مصروف ومنهم من منع صرفه، وَ«القُفُّ» بضم القاف وتشديد الفاء: وَهُوَ المبنيُّ حول البِئْرِ. قَوْلُهُ: «عَلَى رِسْلِكَ» بكسر الراء عَلَى المشهور، وقيل: بفتحِهَا، أَيْ: ارفُقْ. في هذا الحديث: حسن ثمرة لزوم الأدب. وفيه: حسن الأدب في الاستئذان. وفيه: الصبر على توقيع المصيبة وحمد الله تعالى على السراء والضراء وفيه: التبشير بالخير.

709. Abu Musa Al-Ash'ari ؓ reported: One day, I performed my Wudu' in my house and then set forth with the determination that I would stick to Messenger of Allah ﷺ and spend the whole day with him. I came to the mosque and asked about him. The Companions told that he ﷺ had gone in a certain direction. Abu

Musa added: I followed him inquiring until I came to Bi'r Aris (a well in the suburb of Al-Madinah). (There) I sat down at the door till he ﷺ had relieved himself and performed Wudu'. Then I went to him and saw him sitting on the platform of the well with his shanks uncovered and his legs dangling in the well. I greeted him and returned to the door of the garden, saying to myself, "I will be the doorkeeper of the Messenger of Allah today." Abu Bakr ؓ came and knocked at the door. I said; "Who is that?" He said: "Abu Bakr." I said, "Wait a moment." Then I went to the Messenger of Allah ﷺ and said, "O Messenger of Allah! Abu Bakr is at the door seeking permission to enter." He said, "Admit him and give him the glad tidings of Jannah." I returned and said to Abu Bakr ؓ: "You may enter and Messenger of Allah ﷺ has given you the glad tidings of (entering) Jannah." Abu Bakr ؓ came in and sat down on the right side of Messenger of Allah ﷺ and suspended his legs into the well and uncovered his shanks, as the Messenger of Allah had done. I returned to the door and sat down. I had left my brother at home while he was performing Wudu' and intending to join me. I said to myself: "If Allah intends good for him (i.e., to be blessed to come at this time and receive the glad tidings of entering Jannah), He will bring him here." Someone knocked at the door and I said, "Who is it?" He said, "Umar bin Al-Khattab." I said, "Wait a moment." Then I proceeded towards Messenger of Allah ﷺ. I greeted him and said, "Umar is at the door, seeking permission to enter. He said, "Let him in and give him the glad tidings of entering Jannah." I went back to 'Umar ؓ and said to him, "Messenger of Allah has given you permission as well as glad tidings of entering Jannah." He entered and sat down with Messenger of Allah ﷺ on his left side and dangled his feet into the well. I returned to the door and sat down and said to myself: "If Allah intends good for my brother, He will bring him here." Someone knocked at the door and I said, "Who is it?" He said, "Uthman bin 'Affan." I said, "Wait a moment." I went to Messenger of Allah ﷺ and informed him about his arrival. He said, "Let him in and give him glad tidings of entering Jannah together with a tribulation which he will have to face." I came back to him and said, "You may enter; and Messenger of Allah ﷺ gives you the glad tidings of entering Jannah together with a tribulation that will afflict you." He got in and saw that the elevated platform round the well was fully occupied. So he sat on opposite side. Sa'id bin Al-Musaiyab ﷺ a subnarrator has reported: The order in which they sat down indicated the places of their burial. [Al-Bukhari and Muslim].

Another narration adds: Abu Musa Al-Ash'ari ﷺ said: The Prophet ﷺ ordered me to guard the door. When 'Uthman was told (about the misfortune) he praised Allah then said: "Allahu Musta'an (His help is to be sought)."

(The interpretation of Sa'id bin Al-Musaiyab is that the graves of Abu Bakr and 'Umar (May Allah be pleased with them) are by the side of the Prophet ﷺ, in the same position they took when they sat next to the Prophet ﷺ while the grave of 'Uthman is away from their graves, in the public graveyard of Al-Madinah known as Baqi' Al-Gharqad).

[710] وعن أَبِي هريرة قال: كُنَّا قُعُوداً حَوْلَ رسول الله وَمَعَنَا أَبُو بَكرٍ وَعُمَرُ رضي الله عنهما في نَفَرٍ، فَقَامَ رسولُ الله مِنْ بَيْنِ أظْهُرِنَا فَأبْطَأ عَلَيْنَا، وَخَشِينَا أنْ يُقْتَطَعَ دُونَنَا وَفَزِعْنَا فَقُمْنَا، فَكُنْتُ أَوَّلَ مَنْ فَزِعَ، فَخَرَجْتُ أبْتَغِي رسول الله حَتَّى أتَيْتُ حَائِطاً للأنصَارِ لِبَني النَّجَارِ، فَدُرْتُ بِهِ هَلْ أجِدُ لَهُ بَاباً؟ فَلَمْ أجِدْ! فَإذَا رَبيعٌ يَدْخُلُ في جَوْفِ حَائِطٍ مِنْ بِئْرٍ خَارِجَهُ -وَالرَّبِيعُ: الجَدْوَلُ الصَّغِيرُ -فَاحْتَفَزْتُ، فَدَخَلْتُ عَلَى رسول الله فَقَال: «أَبُو هُرَيْرَةَ؟» فقلتُ: نَعَمْ، يَا رسول اللهِ، قَالَ: «مَا شأنُكَ؟» قُلْتُ: كُنْتَ بَيْنَ أظْهُرِنَا فَقُمْتَ فَأبْطَأتَ عَلَيْنَا، فَخَشِينَا أنْ تُقْتَطَعَ دُونَنَا، ففزعنا، فَكُنْتُ أوّلَ مَنْ فَزِعَ، فَأتَيْتُ هَذَا الحَائِطَ، فَاحْتَفَزْتُ كَمَا يَحْتَفِزُ الثَّعْلَبُ، وهؤلاء النَّاسُ وَرَائِي. فَقَالَ: «يَا أَبَا هُرَيرَةَ» وَأعْطَانِي نَعْلَيْهِ، فَقَالَ: «اذْهَبْ بِنَعْلَيَّ هَاتَيْنِ، فَمَنْ لَقِيتَ مِنْ وَرَاءِ هَذَا الحَائِطِ يَشْهَدُ أنْ لا إلهَ إلا الله مُسْتَيْقِناً بِهَا قَلْبُهُ، فَبَشِّرْهُ بِالجَنَّةِ...» وَذَكَرَ الحديثَ بطوله. رواه مسلم. «الرَّبِيعُ»: النَّهْرُ الصَّغِيرُ، وَهُوَ الجَدْوَلُ - بفتح الجيمِ - كَمَا فَسَّرَهُ في الحديث. وَقَوْلُه: «احْتَفَزْتُ» رِوِي بالراء وبالزاي، ومعناه بالزاي: تَضَامَمْتُ وتَصَاغَرْتُ حَتَّى أمْكَنَنِي الدُّخُولُ. في هذا الحديث: بشارةٌ عظيمةٌ لأهل التوحيد. وأن من مات وهو يشهد أن لا إله إلا الله خالصًا من قلبه فله الجنة.

710. Abu Hurairah ﷺ reported: We were sitting in the company of the Messenger of Allah ﷺ, and Abu Bakr and 'Umar (May Allah

be pleased with them) were also present. All of a sudden the Messenger of Allah ﷺ got up and left us. When he was late to return to us we began to worry lest he should meet with trouble in our absence. I was the first to be alarmed and set out in search of him until I came to a garden belonging to Banu-Najjar (a section of the Ansar). I went round it looking for an entrance, but failed to find one. However, I saw a stream of water flowing into the garden from a well outside. I drew myself together like a fox and slinked into the place and reached the Messenger of Allah ﷺ. He said, "Is it Abu Hurairah?" I replied in the affirmative. He asked, "What is the matter with you?" I replied, "You were sitting with us and then you left us and delayed for a time. Fearing you had met with some adversities we got alarmed. I was the first to be alarmed. So when I came to this garden, I squeezed myself like a fox and these people are coming behind me." He (the Prophet ﷺ) gave me his sandals and said, "O Abu Hurairah! Take these sandals of mine, and whoever you meet outside this garden testifying that La ilaha illallah (There is no true god except Allah), being assured of it in his heart, give him the glad tidings that he will enter Jannah." (Abu Hurairah then narrated the Hadith in full). [Muslim].

[711] وعن ابنِ شِمَاسَةَ، قَالَ: حَضَرْنَا عَمْرو بنَ العَاصِ وَهُوَ في سِيَاقةِ المَوْتِ، فَبَكَى طَوِيلاً، وَحَوَّلَ وَجْهَهُ إلى الجِدَارِ، فَجَعَلَ ابْنُهُ، يَقُولُ: يَا أَبتَاهُ، أمَا بَشَّرَكَ رسولُ الله بكَذَا؟ أمَا بَشَّرَكَ رسولُ الله بكَذَا؟ فَأَقْبَلَ بوَجْهِهِ، فَقَالَ: إنَّ أفْضَلَ مَا نُعِدُّ شَهَادَةُ أنْ لا إلهَ إلا الله، وَأنَّ مُحَمَّداً رسولُ اللهِ، إنِّي قَدْ كُنْتُ عَلَى أطْبَاقٍ ثَلاثٍ: لَقَدْ رَأيْتُنِي وَمَا أحَدٌ أشَدُّ بُغضاً لرسولِ اللهِ مِنِّي، وَلا أحَبَّ إليَّ مِنْ أنْ أكُونَ قدِ اسْتَمكَنْتُ مِنْهُ فَقَتَلْتُهُ، فَلَوْ مُتُّ عَلَى تلكَ الحَالِ لَكُنْتُ مِنْ أهْلِ النَّارِ، فَلَمَّا جَعَلَ اللهُ الإسلامَ في قَلْبي أتَيْتُ النبي فقُلْتُ: ابسُطْ يَمِينَكَ فَلأبَايعُكَ، فَبَسَطَ يَمِينَهُ فَقَبَضْتُ يَدِي، فَقَالَ: «مَا لَكَ يَا عَمْرُو؟» قلتُ: أردتُ أنْ أشْتَرِطَ، قَالَ: «تَشْتَرِطُ مَاذَا؟» قُلْتُ: أنْ يُغْفَرَ لي، قَالَ: «أمَا عَلِمْتَ أنَّ الإسلامَ يَهْدِمُ مَا كَانَ قَبْلَهُ، وَأنَّ الهِجْرَةَ تَهْدِمُ مَا كَانَ قَبْلَهَا، وَأنَّ الحَجَّ يَهْدِمُ مَا كَانَ قَبْلَهُ؟» وَمَا كَانَ أحَدٌ أحَبَّ إليَّ مِنْ رسولِ اللهِ وَلا أجَلَّ في عَيني مِنْهُ وَمَا كُنْتُ أطِيقُ أنْ أمْلأ عَينِي مِنْهُ؛ إجلالاً لَهُ، ولو سُئلت أنْ أصفَه مَا أطقتُ، لأني لَمْ أكن أملأ عيني مِنْهُ، ولو مُتُّ عَلَى تِلْكَ الحَالِ لَرَجَوْتُ أنْ أكُونَ مِنْ أهْلِ الجَنَّةِ. ثُمَّ وَلِينَا أشْيَاءَ مَا أدْرِي مَا حَالي فِيهَا؛ فَإذَا أنَا مُتُّ فَلا تَصْحَبْنِي نَائِحَةٌ وَلا نَارٌ، فَإذا دَفَنْتُمُوني، فَشُنُّوا عَلَيَّ التُّرَابَ شَنّاً، ثُمَّ أقِيمُوا حَوْلَ قَبْرِي قَدْرَ مَا تُنْحَرُ جَزُورٌ، وَيُقْسَمُ لَحْمُهَا، حَتَّى أسْتَأنِسَ بِكُمْ، وَأنْظُرَ مَا أرَاجِعُ بِهِ رُسُلَ رَبِّي.

رواه مسلم. قَوْلـه: «شُنُّوا» رُوِي بالشِّين المعجمة والمهملة، أيْ: صُبُّوه قَلِيلاً قَلِيلاً، والله سبحانه أعلم. في هـذا الحديث: أنَّ المؤمن لا تفارقه خشية الله ولو عمل من الصالحات ما عمل، كما قال تعالى ﴿وَالَّذِينَ يُؤْتُونَ مَا آتَوا وَّقُلُوبُهُمْ وَجِلَةٌ أَنَّهُمْ إِلَى رَبِّهِمْ رَاجِعُونَ﴾ [المؤمنون.](60) وفيه: إثبات فتنة القبر، وسؤال الملكين، واستحباب المكث بعد القبر، والدعاء له. وفيه: كراهة استصحاب النار للميت إلا أن تدعو إليها حاجة.

711. Ibn Shumasah reported: We visited 'Amr bin Al-'as ؓ when he was in his deathbed. He wept for a long time and turned his face towards the wall. His son said: "O father, did not the Messenger of Allah ﷺ give you the good news of such and such? Did he not give you glad tidings of such and such?" Then he ('Amr) turned his face towards us and said: "The best thing which you can count upon is the affirmation that: La ilaha illallah (there is no true god except Allah), and that Muhammad is the Messenger of Allah. I have passed through three phases. I remember when I hated none more than I hated the Messenger of Allah ﷺ, and there was no other desire stronger in me than that of killing him. Had I died in that state, I would have definitely been one of the dwellers of Fire (Hell). When Allah instilled the love for Islam in my heart, I went to Messenger of Allah ﷺ and said, 'Extend your right hand, so that I pledge allegiance to you.' He ﷺ stretched out his right hand, but I withdrew my hand. He said, 'What is the matter, 'Amr?' I said, 'I wish to lay down same conditions.' He asked, 'What conditions do you wish to put forward?' I replied, 'To be granted forgiveness.' He said, 'Do you not know that (embracing) Islam wipes out all that has gone before it (previous misdeeds). Verily, emigration wipes out all the previous sins, and the Hajj (pilgrimage) wipes out all the previous sins.' Thereafter, no one was dearer to me than Messenger of Allah ﷺ, and none was more respectable than him in my eyes. So bright was his splendor that I could not gather enough courage to look at his face for any length of time. If I were asked to describe his feature, I would not be able to do so because I have never caught a full glimpse of his face. Had I died in that state I could have hoped to be one of the dwellers of Jannah. Thereafter, we were made responsible for many things

and in the light of which I am unable to know what is in store for me. When I die, no mourner, nor fire should accompany my bier. When you bury me, throw the earth gently over me and stand over my grave for the space of time within which a camel is slaughtered and its meat is distributed so that I may enjoy your intimacy, and in your presence ascertain what answer can I give to the Messengers of my Rubb (the angels in grave)." [Muslim].

CHAPTER 96

Bidding Farewell and Advising on the Eve of Departure for a Journey or other Things [712-717 of 1896]

وغـيره والدعـاء لَهُ وطلـب الدعاء مِنْهُ قَالَ اللهُ تَعَـالَى: ﴿وَوَصَّى بِهَا إِبْرَاهِيمُ بَنِيـهِ وَيَعْقُوبُ يَا بَنِـيَّ إِنَّ اللـهَ اصْطَفَـى لَكُـمُ الدِّينَ فَـلا تَمُوتُـنَّ إلا وَأَنْتُمْ مُسْـلِمُونَ * أَمْ كُنْتُمْ شُـهَدَاءَ إِذْ حَضَرَ يَعْقُـوبَ المَـوْتُ إِذْ قَـالَ لِبَنِيـهِ مَـا تَعْبُدُونَ مِـنْ بَعْدِي قَالُـوا نَعْبُدُ إِلَهَـكَ وَإِلَهَ آبَائِـكَ إِبْرَاهِيمَ وَإِسْـمَاعِيلَ وَإِسْـحَاقَ إِلَهـاً وَاحِـداً وَنَحْـنُ لَـهُ مُسْـلِمُونَ﴾ [البقـرة (132، 133)]. قولـه تعالى: ﴿وَوَصَّى بِهَـا﴾، أي: بالملـة، وكلمـة الإخـلاص لا إله إلا اللـه ﴿إِبْرَاهِيمُ بَنِيـهِ﴾، ووصى بها أيضًا يعقـوب بنيـه فقـالا: ﴿إِنَّ اللهَ اصْطَفَى لَكُمُ الدِّينَ﴾، أي: دين الإسـلام، ﴿فَـلا تَمُوتُنَّ إلا وَأَنْتُمْ مُسْـلِمُونَ﴾، أي: دومـوا عـلى الإسـلام حتـى تموتـوا. وقالـت اليهـود للنبـي: ألسـتَ تعلـم أن يعقـوب يـوم مـات أوصى بنيه باليهودية؟ فـردَّ الله عليهم بقولـه ﴿أَمْ كُنْتُمْ شُـهَدَاءَ إِذْ حَضَرَ يَعْقُـوبَ المَـوْتُ إِذْ قَـالَ لِبَنِيـهِ مَـا تَعْبُدُونَ مِـنْ بَعْدِي قَالُـوا نَعْبُدُ إِلَهَـكَ وَإِلَهَ آبَائِـكَ إِبْرَاهِيمَ وَإِسْـمَاعِيلَ وَإِسْـحَاقَ إِلَهـاً وَاحِـداً وَنَحْـنُ لَـهُ مُسْـلِمُونَ﴾، وإسـماعيل عـم يعقـوب، فهو من التغليب. وأمـا الأحاديث:

Allah, the Exalted, says:

> "And this (submission to Allah, Islam) was enjoined by Ibrahim (Abraham) upon his sons and by Ya'qub (Jacob) (saying), 'O my sons! Allah has chosen for you the (true) religion, then die not except in the Faith of Islam (as Muslims - Islamic Monotheism).' Or were you witnesses when death approached Ya'qub (Jacob)? When he said unto his sons, 'What will you worship after me?' They said, 'We shall worship your Ilah (God - Allah) the Ilah (God) of your fathers, Ibrahim (Abraham), Isma'il (Ishmael), Ishaq (Isaac). One Ilah (God), and to Him we submit (in Islam)'." (2:132,133)

[712] حديـث زيـد بـن أرقـم - الَّذِي سبق في بَـابِ إكرام أَهْـلِ بَيْتِ رسـول الله - قَـالَ: قَامَ

رسول الله فِينَا خَطِيباً، فَحَمِدَ الله، وَأَثْنَى عَلَيْهِ، وَوَعَظَ وَذَكَّرَ، ثُمَّ قَالَ: «أَمَّا بَعْدُ، ألا أَيُّهَا النَّاسُ، إِنَّمَا أَنَا بَشَرٌ يُوشِكُ أَنْ يَأْتِيَ رَسُولُ رَبِّي فَأُجِيبَ، وَأَنَا تَارِكٌ فِيكُمْ ثَقَلَيْنِ، أَوَّلُهُمَا: كِتَابُ اللهِ، فِيهِ الْهُدَى وَالنُّورُ، فَخُذُوا بِكِتَابِ اللهِ وَاسْتَمْسِكُوا بِهِ»، فَحَثَّ عَلَى كِتَابِ اللهِ، وَرَغَّبَ فِيهِ، ثُمَّ قَالَ: «وَأَهْلُ بَيْتِي، أُذَكِّرُكُمُ اللهَ فِي أَهْلِ بَيْتِي» رواه مسلم، وَقَدْ سَبَقَ بِطُولِهِ. في هذا الحديث: الحث على التمسُّك بكتاب الله، والاعتصام بحبله. وفيه: التمسُّك بمحبَّة أهل بيت رسول الله.

712. Yazid bin Haiyan ﷺ reported: I went along with Husain bin Sabrah and 'Amr bin Muslim to Zaid bin Arqam (May Allah be pleased with them) and, as we sat by his side, Husain said to him: "O Zaid, you acquired great merits that you saw Messenger of Allah ﷺ, listened to his talk, fought by his side in (different) battles, and offered Salat behind him. You have in fact earned great merits, Zaid! Could you then tell us what you heard from the Messenger of Allah ﷺ?" He said: "O my cousin! By Allah! I have grown old and have almost spent up my age and I have forgotten some of the things which I remembered in connection with Messenger of Allah ﷺ, so accept what I narrate to you, and what I fail to narrate, do not compel me to narrate that." He then said: "One day Messenger of Allah ﷺ stood up to deliver a Khutbah at a watering place known as Khumm between Makkah and Al-Madinah. He praised Allah, extolled Him and delivered the Khutbah and exhorted (us) and said, 'Amma Ba'du (now then)! O people, certainly I am a human being. I am about to receive a messenger (the angel of death) from my Rubb and I, in response to Allah's Call, but I am leaving among you two weighty things: the Book of Allah in which there is right guidance and light, so hold fast to the Book of Allah and adhere to it.' He exhorted (us) (to hold fast) to the Book of Allah and then said, 'The second are the members of my household, I remind you (of your duties) to the members of my family.'"

[713] وعن أَبِي سليمان مالك بن الحُوَيْرِثِ قَالَ: أَتَيْنَا رسول الله وَنَحْنُ شَبَبَةٌ مُتَقَارِبُونَ، فَأَقَمْنَا عِنْدَهُ عِشْرِينَ لَيْلَةً، وَكَانَ رسولُ الله رَحِيماً رَفيقاً، فَظَنَّ أنّا قد اشْتَقْنَا أَهْلَنَا، فَسَأَلَنَا عَمَّنْ تَرَكْنَا مِنْ أَهْلِنَا، فَأَخْبَرْنَاهُ، فَقَالَ: «ارْجِعُوا إِلَى أَهْلِيكُمْ، فَأَقِيمُوا فِيهِمْ، وَعَلِّمُوهُمْ وَمُرُوهُمْ، وَصَلُّوا صَلاَةَ كَذَا فِي حِيْنِ كَذَا، وَصَلُّوا كَذَا فِي حِيْنِ كَذَا، فَإِذَا حَضَرَتِ الصَّلاَةُ

فَلْيُؤَذِّنْ لَكُمْ أَحَدُكُمْ وَلْيَؤُمَّكُمْ أَكْبَرُكُمْ». متفقٌ عَلَيْهِ. زاد البخاري في رواية لَـهُ: «وَصَلُّوا كَمَا رَأَيْتُمُوني أُصَلِّي». قَوْلُهُ: «رحيماً رَفِيقاً» رُويَ بفاءٍ وقافٍ، وَرُويَ بقافين. في الحديث: ما يدل على تساويهم في الأخذ عنه ومدة الإقامة عنده، فلم يبق إلا السن، فلهذا قال: «وليؤمكم أكبركم»، وأما الأذان: فالقصد منه الإعلام بدخول وقت الصلاة، فاستوى فيه الكامل وغيره، فلهذا قال: «فليؤذن لكم أحدكم».

713. Malik bin Al-Huwairith ؓ reported: We came to the Messenger of Allah ﷺ when we were all young men of nearly equal age. We stayed with him for twenty days. He was extremely kind and considerate. He perceived that we missed our families so he asked us about those we left behind, and we informed him. Then he ﷺ said, "Go back to your families, stay with them, teach them (about Islam) and exhort them to do good. Perform such Salat (prayer) at such a time and such Salat at such a time. When the time for Salat is due, one of you should announce Adhan (call for prayer) and the oldest among you should lead Salat." [Al-Bukhari and Muslim].

[714] وعن عمرَ بنِ الخطاب قال: اسْتَأْذَنْتُ النَّبِيَّ في العُمْرَةِ، فَأَذِنَ، وقال: «لا تَنْسَانَا يَا أُخَيَّ مِنْ دُعَائِكَ» فقالَ كلمةً ما يَسُرُّني أنَّ لي بها الدُّنْيَا. وفي رواية قَالَ: «أَشْرِكْنَا يَا أُخَيَّ في دُعَائِكَ». رواه أَبُو داود والترمذي، وقال: حَدِيثٌ حَسَنٌ صَحِيحٌ. (في هـذا الحديث: مزيد تواضعه والحث على سؤال الدعاء من سائر المسلمين، وإن كان السائل أفضل.

714. 'Umar bin Al-Khattab ؓ reported: I sought permission of the Prophet ﷺ to perform 'Umrah, and he granted me leave and said, "Brother, do not forget us in your supplications." I would not exchange these words of his for the whole world.

Another narration is: He ﷺ said, "Include us, my brother, in your supplications." [Abu Dawud and At-Tirmidhi].

[715] وعن سالم بنِ عبدِ اللهِ بنِ عمر: أنَّ عبدَ اللهِ بنَ عُمَرَ رضي الله عنهما، كَانَ يَقُولُ للرجلِ إِذَا أَرَادَ سَفَراً: ادْنُ منِّي حَتَّى أُوَدِّعَكَ كَمَا كَانَ رسولُ اللهِ يُوَدِّعُنَا، فَيَقُولُ: «أَسْتَوْدِعُ اللهَ دِينَكَ، وَأَمَانَتَكَ، وَخَوَاتِيمَ عَمَلِكَ» رواه الترمذي، وقال: (حَدِيثٌ حَسَنٌ صَحِيحٌ غريبٌ).

715. Salim bin 'Abdullah bin 'Umar (May Allah be pleased with

them) reported: When a man was to set out on a journey, 'Abdullah bin 'Umar (May Allah be pleased with them) would say to him: "Draw near so that I may bid farewell to you as Messenger of Allah ﷺ used to bid farewell to us. (The Messenger of Allah ﷺ used to say: "'Astaudi'ullaha dinaka, wa amanataka, wa khawatima 'amalika' (I entrust Allah with your Deen, your trust and your last deeds)." [At-Tirmidhi].

[716] وعن عبدِ الله بن يزيدَ الخطْمِيِّ الصحابيِّ قال: كَانَ رسولُ الله إذَا أرَادَ أنْ يُوَدِّعَ الجَيشَ، قَالَ: «أسْتَوْدِعُ اللهَ دِينَكُمْ، وَأمَانَتَكُمْ، وَخَواتِيمَ أعْمَالِكُمْ» حديث صحيح، رواه أَبُو داود وغيره بإسناد صحيح. في الحديث: كمال فضله وتوديعه لأصحابه مع علو مقامه، وذكر الدين، لأن السفر مظنة التساهل في أمره والأمانة: التكاليف الشرعية، وذكر خواتيم الأعمال اهتمامًا بشأنها؛ لأن الأعمال بالخواتيم.

716. 'Abdullah bin Yazid Al-Khatmi ﷺ reported: When Messenger of Allah ﷺ intended to bid farewell to his army he would say: "Astau-di'ullaha dinakaum, wa amanatakum, wa khawatima 'amalikum (I entrust Allah with your Deen, your trust and your last deeds)." [Abu Dawud].

[717] وعن أنسٍ قال: جَاءَ رَجُلٌ إلَى النبي فَقَالَ: يَا رسولَ الله إنّي أُرِيدُ سَفَراً، فَزَوِّدْنِي، فَقَالَ: «زَوَّدَكَ اللهُ التَّقْوَى» قَالَ: زِدْنِي قَالَ: «وَغَفَرَ ذَنْبَكَ» قَالَ: زِدْنِي، قَالَ: «وَيَسَّرَ لَكَ الْخَيْرَ حَيْثُمَا كُنْتَ». رواه الترمذي، وقال: (حَدِيثٌ حَسَنٌ). فيه: استحباب مجيء المسافر لأصحابه، وسؤاله دعاءهم، وعلم بقرينة حال السائل أن مراده الإمداد بالدعاء، فلذا قال: «زودك الله التقوى».

717. Anas ﷺ reported: A man came to the Prophet ﷺ and said: "O Messenger of Allah! I intend to go on a journey, so supplicate for me." He ﷺ said, "May Allah grant you the provision of piety." The man said: "Please supplicate more for me." He ﷺ said, "May He forgive your sins!" The man repeated: "Please supplicate more for me." Messenger of Allah ﷺ said, "May He facilitate for you the doing of good wherever you are." [At-Tirmidhi].

CHAPTER 97
Istikhara (Seeking Guidance from Allah), and Consultation [718-718 of 1896]

قَالَ اللهُ تَعَالَى: ﴿وَشَاوِرْهُمْ فِي الأَمْرِ﴾ [آل عمران (159)]، وقال تَعَالَى: ﴿وَأَمْرُهُمْ شُورَى بَيْنَهُمْ﴾ [الشورى (38)] أي: يَتَشَاوَرُونَ فِيهِ. الاستخارة: سؤال خير الأمرين من الله تعالى. وفي المشاورة تطييب لقلوب الأصحاب، واستظهار رأي قد يخفى.

Allah, the Exalted, says:

"And consult them in the affairs." (3:159)

"And who (conduct) their affairs by mutual consultation." (42:38)

[718] وعن جابر قال: كَانَ رسولُ الله يُعَلِّمُنَا الاسْتِخَارَةَ في الأُمُورِ كُلِّهَا كَالسُّورَةِ مِنَ القُرْآنِ، يَقُولُ: «إِذَا هَمَّ أَحَدُكُمْ بِالأَمْرِ، فَلْيَرْكَعْ رَكْعَتَيْنِ مِنْ غَيْرِ الفَرِيضَةِ، ثُمَّ لِيَقُلْ: اللَّهُمَّ إِنِّي أَسْتَخِيرُكَ بِعِلْمِكَ، وَأَسْتَقْدِرُكَ بِقُدْرَتِكَ، وَأَسْأَلُكَ مِنْ فَضْلِكَ العَظِيمِ، فَإِنَّكَ تَقْدِرُ وَلا أَقْدِرُ، وَتَعْلَمُ وَلا أَعْلَمُ، وَأَنْتَ عَلَّامُ الغُيُوبِ. اللَّهُمَّ إِنْ كُنْتَ تَعْلَمُ أَنَّ هَذَا الأَمْرَ خَيْرٌ لِي في دِينِي وَمَعَاشِي وَعَاقِبَةِ أَمْرِي» أَوْ قَالَ: «عَاجِلِ أَمْرِي وَآجِلِهِ، فَاقْدُرْهُ لِي وَيَسِّرْهُ لِي، ثُمَّ بَارِكْ لِي فِيهِ. وَإِنْ كُنْتَ تَعْلَمُ أَنَّ هَذَا الأَمْرَ شَرٌّ لِي فِي دِينِي وَمَعَاشِي وَعَاقِبَةِ أَمْرِي» أَوْ قَالَ: «عَاجِلِ أَمْرِي وَآجِلِهِ؛ فَاصْرِفْهُ عَنِّي، وَاصْرِفْنِي عَنْهُ، وَاقْدُرْ لِيَ الخَيْرَ حَيْثُ كَانَ، ثُمَّ أَرْضِنِي بِهِ» قَالَ: «وَيُسَمِّيْ حَاجَتَهُ» رواه البخاري. في هذا الحديث: استحباب الاستخارة في الأمور كلها. وورد في بعض الآثار (ما ندم من استخار الله وشاور المخلوقين). وفي كلام الحكمة: أن الناس ثلاثة: رجل، ونصف رجل، ولا رجل، فالرجل من كان له رأي ويستشير. ونصف الرجل من كان له رأي ولا يستشير، أو ليس له رأي ويستشير. والناقص من لا رأي له، ولا يشير.

718. Jabir ☘ reported: Messenger of Allah ☘ used to teach us the Istikharah (seeking guidance from Allah) in all matters as he would teach us a Surah of the Qur'an. He used to say: "When one of you

contemplates entering upon an enterprise, let him perform two Rak'ah of optional prayer other than Fard prayers and then supplicate: "Allahumma inni astakhiruka bi 'ilmika, wa astaqdiruka bi qudratika, wa as-'aluka min fadlikal-'azim. Fainnaka taqdiru wa la aqdiru, wa ta'lamu wa la a'lamu, wa Anta 'allamul-ghuyub. Allahumma in kunta ta'lamu anna hadhal-'amra (and name what you want to do) khairun li fi dini wa ma'ashi wa 'aqibati amri, (or he said) 'ajili amri ajilihi, faqdurhu li wa yassirhu li, thumma barik li fihi. Wa in kunta ta'lamu anna hadhal 'amra (and name what you want to do) sharrun li fi dini wa ma'ashi wa 'aqibati amri, (or he said) wa 'ajili amri wa ajilihi, fasrifhu 'anni, wasrifni 'anhu, waqdur liyal-khaira haithu kana, thumma ardini bihi." (O Allah, I consult You through Your Knowledge, and I seek strength through Your Power, and ask of Your Great Bounty; for You are Capable whereas I am not and, You know and I do not, and You are the Knower of hidden things. O Allah, if You know that this matter (and name it) is good for me in respect of my Deen, my livelihood and the consequences of my affairs, (or he said), the sooner or the later of my affairs then ordain it for me, make it easy for me, and bless it for me. But if You know this matter (and name it) to be bad for my Deen, my livelihood or the consequences of my affairs, (or he said) the sooner or the later of my affairs then turn it away from me, and turn me away from it, and grant me power to do good whatever it may be, and cause me to be contented with it). And let the supplicant specify the object." [Al-Bukhari and Muslim]

CHAPTER 98

Excellence of Adopting Different Routes for going and returning on 'Eid Prayer and various other Occasions
[719-720 of 1896]

وعيادة المريض والحج والغزو والجنازة ونحوها من طريق، والرجوع من طريق آخر لتكثير مواضع العبادة [719] عن جابر قال: كان النبي إذا كان يوم عيدٍ خَالَفَ الطَّريقَ. رواه البخاري. قَوْله: «خَالَفَ الطَّريقَ» يعني: ذَهَبَ في طريقٍ، وَرَجَعَ في طريقٍ آخَرَ. قيل: يستحب أن يجعل الطريق للذهاب حيث لا يخشى الفوات.

719. Jabir ؓ reported: On the occasion of the 'Eid, the Prophet ﷺ would proceed to the prayer place taking one route and returning from another. [Al-Bukhari and Muslim].

[720] وعن ابن عُمَرَ رضي الله عنهما: أنَّ رسول الله كَانَ يَخْرُجُ مِنْ طَريقِ الشَّجَرَةِ، وَيَدْخُلُ مِنْ طَريقِ الْمُعَرَّسِ، وَإِذَا دَخَلَ مَكَّةَ، دَخَلَ مِنَ الثَّنِيَّةِ الْعُلْيَا، وَيَخْرُجُ مِنَ الثَّنِيَّةِ السُّفْلَى. متفق عَلَيْهِ. ثنية العليا: هي المسماة الآن ريع الحمول، والسفلى: الشبيكة.

720. Ibn 'Umar (May Allah be pleased with them) reported: Messenger of Allah ﷺ used to go by way of Ash-Shajarah and return by way of Al-Mu'arras. He would also enter Makkah through the Higher Pass and would leave it through the Lower Pass. [Al-Bukhari and Muslim].

CHAPTER 99

Excellence of using the right Hand for Performing various good Acts [721-727 of 1896]

فِي كل مَا هو من باب التكريم كالوضوءِ وَالغُسْلِ وَالتَّيَمُّمِ، وَلُبْسِ الثَّوْبِ وَالنَّعْلِ وَالخُفِّ وَالسَّرَاوِيلِ وَدُخولِ الْمَسْجِدِ، وَالسِّوَاكِ، وَالاكْتِحَالِ، وَتقليم الأظْفار، وَقَصِّ الشَّارِبِ، وَنَتْفِ الإِبْطِ، وَحلقِ الرَّأسِ، وَالسَّلامِ مِنَ الصَّلاَةِ، وَالأكْلِ، والشُّرْبِ، وَالمُصافحَةِ، وَاسْتِلاَمِ الحَجَرِ الأَسْوَدِ، والخروجِ مِنَ الخلاءِ، والأخذ والعطاء وغيرِ ذَلِكَ مِمَّا هُوَ فِي معناه. ويُسْتَحَبُّ تَقديمُ اليسارِ فِي ضدِ ذَلِكَ، كالامْتِخَاطِ وَالبُصَاقِ عن اليسار، ودخولِ الخَلاءِ، والخروج من المَسْجِدِ، وخَلْعِ الخُفِّ والنَّعْلِ والسراويلِ والثوبِ، والاسْتِنْجَاءِ وفعلِ المُسْتَقْذرَاتِ وأشْبَاه ذَلِكَ. الجامع لهذا أنه يستحب تقديم اليمين في كل ما هو من باب التطييب والتكريم، وتقديم اليسرى في كل ما هو من باب الإهانة والاستقذار. قَالَ الله تَعَالَى: ﴿فَأَمَّا مَنْ أُوتِيَ كِتَابَهُ بِيَمِينِهِ فَيَقُولُ هَاؤُمُ اقْرَأُوا كِتَابِيَهْ﴾ [الحاقة (19)] الآيات، وقَالَ تَعَالَى: ﴿فَأَصْحَابُ الْمَيْمَنَةِ مَا أَصْحَابُ الْمَيْمَنَةِ * وَأَصْحابُ الْمَشْئَمَةِ مَا أَصْحَابُ الْمَشْئَمَةِ﴾ [الواقعة (8، 9)]. عن أبي عثمان قال: المؤمن يُعطى كتابه بيمينه في ستر من الله، فيقرأ سيِّئاته، فكلما قرأ سيئة تغيَّر لونه حتى يمر بحسناته فيقرؤها فيرجع إليه لونه. ثم ينظر فإذا سيِّئاته قد بُدِّلت حسنات. قال فعند ذلك يقول: ﴿هَاؤُمُ اقْرَؤُوا كِتَابِيهْ﴾. وقوله تعالى: ﴿وَأَمَّا مَنْ أُوتِيَ كِتَابَهُ بِشِمَالِهِ﴾ [الحاقة (25)] قال ابن السائب: تُلوى يده اليسرى خلف ظهره، ثم يُعطى كتابه. وقال تعالى: ﴿فَأَصْحَابُ الْمَيْمَنَةِ مَا أَصْحَابُ الْمَيْمَنَةِ * وَأَصْحَابُ الْمَشْأَمَةِ مَا أَصْحَابُ الْمَشْأَمَةِ﴾ [الواقعة (8، 9)]. قال ابن عباس: أصحاب الميمنة: هم الذين كانوا على يمين آدم حين أُخرجت الذرية من صلبه، وأصحاب المشأمة: هم الذين كانوا على شمال آدم. وقال الحسن: أصحاب الميمنة: هم الذين كانوا ميامين مباركين على أنفسهم، وكانت أعمارهم في طاعة الله. وأصحاب المشأمة: هم المشائيم على أنفسهم، وكانت أعمارهم في المعاصي.

Allah, the Exalted, says:

> "Then as for him who will be given his Record in his right hand will say: 'Take, read my Record!'" (69:19)

"So those on the Right Hand (i.e., those who will be given their Records in their right hands) how (fortunate) will those be on the Right Hand! (As a respect for them, because they will enter Jannah). And those on the Left Hand (i.e., those who will be given their Record in their left hands) how (unfortunate) will those be on the Left Hand! (As a disgrace for them, because they will enter Hell)." (56:8,9)

[721] وعن عائشة رضي الله عنها قالت: كَانَ رسولُ الله يُعْجِبُهُ التَّيَمُّنُ في شَأنِهِ كُلِّهِ: في طُهُورِهِ، وَتَرَجُّلِهِ، وَتَنَعُّلِهِ. متفقٌ عَلَيْهِ. فيه: استحباب البداءة باليمين في كل ما كان من باب التكريم، واستحباب استعمال اليسرى في ما كان من باب الاستقذار. قال الشارح، ويكون إمساك السواك باليد اليمنى.

721. 'Aishah ﷺ reported: Messenger of Allah ﷺ liked to use his right hand in all matters: in combing his hair and wearing his shoes. [Al-Bukhari and Muslim].

[722] وعنها قالت: كَانَتْ يَدُ رسول الله اليُمْنَى لِطُهُورِهِ وَطَعَامِهِ، وَكَانَتِ يده اليُسْرَى لِخَلائِهِ وَمَا كَانَ مِنْ أذَىً. حديث صحيح، رواه أَبُو داود وغيره بإسنادٍ صحيحٍ. الأذى: كالامتخاط، والاستنجاء، ونحو ذلك.

722. 'Aishah ﷺ reported: Messenger of Allah was used to using his right hand for performing Wudu' and for eating his food whereas he was used to using his left hand in his toilet and for other similar purposes. [Abu Dawud]

[723] وعن أم عطية رضي الله عنها: أنَّ النَّبيَّ قَالَ لهن في غَسْلِ ابْنَتِهِ زَيْنَبَ رضي الله عنها: «ابْدَأنَ بِمَيَامِنِهَا، وَمَوَاضِعِ الوُضُوءِ مِنْهَا». متفقٌ عَلَيْهِ.فيه: استحباب التيمن في غسل الميت كاستحبابه في غسل الحي.

723. Umm 'Atiyyah ﷺ reported: The Prophet ﷺ instructed us at the time of washing the dead body of his daughter Zainab ﷺ to begin with her right side, and from the parts that are washed in Wudu'. [Al-Bukhari and Muslim].

[724] وعن أبي هريرة أنّ رسول الله ﷺ قَالَ: «إِذَا انْتَعَلَ أَحَدُكُمْ فَلْيَبْدَأْ بِالْيُمْنَى، وَإِذَا نَزَعَ فَلْيَبْدَأْ بِالشِّمَالِ. لِتَكُنْ الْيُمْنَى أَوَّلَهُمَا تُنْعَلُ، وَآخِرُهُمَا تُنْزَعُ». متفقٌ عَلَيْهِ. فيه: استحباب البداءة باليمين في لبس النعل، وبالشمال في نزعها ويقاس على ذلك لبس الثوب، والسراويل ونحوها.

724. Abu Hurairah ؓ reported: Messenger of Allah ﷺ said, "When any of you puts on his shoes, he should put on the right one first; and when he takes them off, he should begin with the left. Let the right shoe be the first to be put on and the last to be taken off." [Al-Bukhari and Muslim].

[725] وعن حفصة رضي الله عنها: أنّ رسول الله ﷺ كَانَ يجعل يَمِينَهُ لِطَعَامِهِ وَشَرَابِهِ وَثِيَابِهِ، وَيَجْعَلُ يَسَارَهُ لِمَا سِوَى ذَلِكَ. رواه أبو داود وغيره.

725. Hafsah ؓ reported: Messenger of Allah ﷺ used to use his right hand for eating, drinking and wearing his clothes and used to use his left hand for other purposes. [Abu Dawud].

[726] وعن أبي هريرة أنّ رسول الله ﷺ قَالَ: «إِذَا لَبِسْتُمْ، وَإِذَا تَوَضَّأْتُمْ، فَابْدَأُوا بِأَيَامِنِكُمْ». حديث صحيح، رواه أبو داود والترمذي بإسناد صحيح. فيه: مشروعية البداءة بغسل اليد اليمنى قبل اليسرى في الوضوء، وكذلك في الرجلين.

726. Abu Hurairah ؓ reported: Messenger of Allah ﷺ said, "When you wear your clothes or perform your Wudu', begin with your right side." [Abu Dawud and At-Tirmidhi].

[727] وعن أنس أنّ رسول الله ﷺ أتى مِنىً، فَأَتَى الْجَمْرَةَ فَرَمَاهَا، ثُمَّ أتى مَنْزِلَهُ بِمِنىً ونحر، ثُمَّ قَالَ لِلحَلاقِ: «خُذْ» وأَشَارَ إِلَى جَانِبِهِ الأَيْمَنِ، ثُمَّ الأَيْسَرِ، ثُمَّ جَعَلَ يُعْطِيهِ النَّاسَ. متفقٌ عَلَيْهِ. وفي رواية: لما رمى الْجَمْرَةَ، وَنَحَرَ نُسُكَهُ وَحَلَقَ، نَاوَلَ الحَلاق شِقَّهُ الأَيْمَنَ فَحَلَقَهُ، ثُمَّ دَعَا أَبَا طَلْحَةَ الأَنْصَارِيَّ، فَأَعْطَاهُ إِيَّاهُ، ثُمَّ نَاوَلَهُ الشِّقَّ الأَيْسَرَ، فَقَالَ: «احْلِقْ»، فَحَلَقَهُ فَأَعْطَاهُ أَبَا طَلْحَةَ، فَقَالَ: «اقْسِمْهُ بَيْنَ النَّاسِ». فيه: البدء بيمين المحلوق. وفيه: فضيلة أبي طلحة، وهو زوج أم سليم، وهو الذي حفر قبر النبي ﷺ.

727. Anas ؓ reported: When Messenger of Allah ﷺ went to Mina, he came to Jamrat-ul-'Aqabah and threw pebbles at it. After that,

he went to his lodge in Mina and sacrificed. Then he called for a barber and pointed his right side to him, said, "Shave from here." Then he pointed his left side and said, "Take (hair) from here." Then he distributed his hair among the people. [Al-Bukhari and Muslim].

Another narration is: After the Messenger of Allah ﷺ had thrown pebbles at Jamrah and sacrificed an animal, he turned the right side of his head towards the barber who shaved it for him. Then he called Abu Talhah Ansari ؓ and gave his hair to him. Then he turned his head to the left side and asked the barber to shave it. He gave the hair to Abu Talhah and told him, "Distribute it among the people."

BOOK TWO

THE BOOK ABOUT THE ETIQUETTE OF EATING

CHAPTER 100

Mentioning Bismillah before and saying Al-Hamdulillah after Eating [728-735 of 1896]

[728] وعن عُمَرَ بنِ أبي سَلمة رضي الله عنهما قَالَ: قَالَ رسول الله: «سَمِّ اللهَ، وَكُلْ بيَمِينِكَ، وكُلْ مِمَّا يَلِيكَ». متفقٌ عَلَيْهِ. فيه: الأمر بالتسمية عند الأكل، والأكل باليمين، ومن الجانب الذي يليه

728. 'Umar bin Abu Salamah ؓ reported: Messenger of Allah ﷺ, said to me, "Mention Allah's Name (i.e., say Bismillah before starting eating), eat with your right hand, and eat from what is near you." [Al-Bukhari and Muslim].

[729] وعن عائشة رضي الله عنها، قالت: قَالَ رسول الله: «إِذَا أَكَلَ أَحَدُكُمْ فَلْيَذْكُرِ اسْمَ اللهِ تَعَالَى، فإِنْ نَسِيَ أَنْ يَذْكُرَ اسْمَ اللهِ تَعَالَى في أَوَّلِهِ، فَلْيَقُلْ: بسم الله أَوَّلَهُ وَآخِرَهُ». رواه أَبُو داود والترمذي، وقال: (حَدِيثٌ حَسَنٌ صَحِيحٌ). فيه: أن من نسي التسمية عند أول الطعام أنه يقول إذا ذكر: بسم الله أوله وآخره.

729. 'Aishah ؓ reported: Messenger of Allah ﷺ said, "When any of you wants to eat, he should mention the Name of Allah in the begining, (i.e., say Bismillah). If he forgets to do it in the beginning, he should say Bismillah awwalahu wa akhirahu (I begin with the Name of Allah at the beginning and at the end)." [At-Tirmidhi and Abu Dawud].

[730] وعن جابر قال: سَمِعْتُ رسول الله يقولُ: «إِذَا دَخَلَ الرَّجُلُ بَيْتَهُ، فَذَكَرَ اللهَ تَعَالَى عِنْدَ دُخُولِهِ، وَعِنْدَ طَعَامِهِ، قَالَ الشَّيْطَانُ لأَصْحَابِهِ: لا مَبِيتَ لَكُمْ وَلا عَشَاءَ، وَإِذَا دَخَلَ فَلَمْ يَذْكُرِ اللهَ تَعَالَى عِنْدَ دُخُولِهِ، قَالَ الشَّيْطَانُ: أَدْرَكْتُمُ الْمَبِيتَ؛ وَإِذَا لَمْ يَذْكُرِ اللهَ تَعَالَى عِنْدَ طَعَامِهِ، قَالَ: أَدْرَكْتُمُ الْمَبِيتَ وَالْعَشَاءَ». رواه مسلم فيه: أن الذكر يطرد الشيطان، فإن الشيطان يشارك الإنسان في كل شيء، قال لله تعالى: ﴿وَأَجْلِبْ عَلَيْهِم بِخَيْلِكَ وَرَجِلِكَ

وَشَـارِكْهُمْ فِي الأَمْـوَالِ وَالأَوْلادِ﴾ [الإسراء(64)].

730. Jabir ﵁ reported: I heard Messenger of Allah ﷺ saying, "If a person mentions the Name of Allah upon entering his house or eating, Satan says, addressing his followers: 'You will find no where to spend the night and no dinner.' But if he enters without mentioning the Name of Allah, Satan says (to his followers); 'You have found (a place) to spend the night in, and if he does not mention the Name of Allah at the time of eating, Satan says: 'You have found (a place) to spend the night in as well as food."' [Muslim].

[731] وعـن حُذَيْفَـةَ قـال: كُنَّـا إِذَا حَضَرْنَـا مَعَ رَسُـولِ اللـهِ طَعَاماً، لَـمْ نَضَعْ أيدِينَـا حَتَّى يَبْدَأَ رَسُـولُ اللـه فَيَضَـعَ يَـدَهُ، وَإِنَّا حَضَرْنَـا مَعَهُ مَـرَّةً طَعَاماً، فَجَـاءتْ جَارِيَةٌ كَأَنَّهَا تُدْفَـعُ، فَذَهَبَتْ لِتَضَـعَ يَدَهَـا في الطَّعَـامِ، فَأَخَـذَ رسـولُ اللـه بِيَدِهَا، ثُـمَّ جَاءَ أَعْـرَابِيّ كأنَّمَـا يُدْفَعُ، فَأَخَـذَ بِيَدِهِ، فَقَالَ رَسُـولُ اللهِ: «إِنَّ الشَّـيْطَانَ يَسْـتَحِلُّ الطَّعَامَ أنْ لا يُذْكَرَ اسـمُ اللهِ تَعَالَى عَلَيْهِ، وَإِنَّهُ جَاءَ بهـذِهِ الجارِيـة لِيَسْـتَحِلَّ بِهَـا، فَأَخَذْتُ بِيَدِهَا، فَجَاءَ بهذا الأعرَابِيّ لِيَسْـتَحِلَّ بِـهِ، فَأَخذْتُ بِيَدِهِ، والَّـذِي نَفْسِي بِيَـدِهِ، إنَّ يَـدَهُ في يَدِي مَعَ يَدَيْهِمَا» ثُمَّ ذَكَرَ اسْـمَ اللهِ تَعَالَى وَأَكَلَ. رواه مسـلم.
في هـذا الحديـث: التـأدب مع الرئيـس، وتعليم الجاهل والأخـذ على يده.

731. Hudhaifah ﵁ reported: When we attended a meal with the Messenger of Allah ﷺ, we would not stretch forth our hands towards the food until he ﷺ would start eating first. Once, we were with him when a little girl rushed in as if someone was impelling her. She was about to lay her hand on the food when the Messenger of Allah ﷺ caught her hand. Then a bedouin came in rushing as if someone were pushing him. He ﷺ caught his hand also and said, "Satan considers that food lawful for himself on which the Name of Allah is not mentioned. He (Satan) brought this girl to make the food lawful through her but I caught her hand. Then he brought the bedouin to make it lawful through him but I caught his hand too. By Him in Whose Hand my soul is, now Satan's hand is in my grasp along with their hands." Then he mentioned the Name of Allah and began to eat. [Abu Dawud and An-Nasa'i].

[732] وعـن أُمَيَّـةَ بـن مَخْـشِيٍّ الصحابيِّ قال: كَانَ رسـولُ الله جَالِسَـاً، وَرَجُلٌ يَأكُلُ، فَلَمْ يُسَـمِّ

اللـهَ حَتَّـى لَـمْ يَبْـقَ مِـنْ طَعَامِـهِ إلا لُقْمَـةٌ، فَلَـمَّا رَفَعَهَا إلَى فِيـهِ، قَالَ: بِسْـمِ اللهِ أوَّلَـهُ وَآخِرَهُ، فَضَحِـكَ النبـي ثُـمَّ قَـالَ: «مَـا زَالَ الشَّـيْطَانُ يَـأكُلُ مَعَـهُ، فَلَـمَّا ذَكَـرَ اسـمَ اللـهِ اسْـتَقَاءَ مَـا فِي بَطْنِـهِ». رواه أبُـو داود والنسـائي. فيـه: أن مـن لم يسـم أكل معـه الشـيطان، فـإذا سـمى قاء الشـيطان مـا أكله.

732. Umaiyyah bin Makhshi ﷺ reported: Messenger of Allah ﷺ was sitting while a man was eating food. That man did not mention the Name of Allah (before commencing to eat) till only a morsel of food was left. When he raised it to his mouth, he said: "Bismillah awwalahu wa akhirahu (With the Name of Allah, in the beginning and in the end)." Messenger of Allah ﷺ smiled at this and said, "Satan had been eating with him but when he mentioned the Name of Allah, Satan vomited all that was in his stomach." [Abu Dawud and An-Nasa'i].

[733] وعن عائشـة رضي الله عنها، قالت: كَانَ رسـولُ الله يَأكُلُ طَعَاماً فِي سِـتَّةٍ مِنْ أصْحَابِهِ، فَجَـاءَ أعْـرَابِيٌّ، فَأكَلَـهُ بلُقْمَتَـيْنِ. فَقَالَ رسـولُ اللـه: «أما إنَّهُ لَوْ سَـمَّى لَكَفَاكُـمْ». رواه الترمذي، وقـال: (حَدِيـثٌ حَسَـنٌ صَحِيحٌ). فيه: أنه إذا لم يسـم على الطعام نزعـت منه البركة.

733. 'Aishah ﷺ reported: Messenger of Allah ﷺ was eating with his six Companions when a desert Arab came and ate up the food in two mouthfuls. Messenger of Allah ﷺ said, "Had he mentioned the Name of Allah, it would have sufficed for all of you." [At-Tirmidhi].

[735] وعـن معـاذِ بـن أنسٍ قال: قَالَ رسـولُ اللـهِ: «مَـنْ أكَلَ طَعَامَاً، فَقال: الحَمْـدُ للهِ الَّذِي أطْعَمَنـي هَـذَا الطعـام، وَرَزَقنيـهِ مِـنْ غَـيْرِ حَـوْلٍ مِنِّي وَلا قُـوَّةٍ، غُفِرَ لَهُ مَـا تَقَدَّمَ مِـنْ ذَنْبِهِ». رواه أبُـو داود والترمـذي، وقـال: (حَدِيـثٌ حَسَـنٌ). قولـه: «مـن غـير حول منـي»، أي: حيلة، ولا قـوة، قيـل: (أشـار بـه إلى طريقـي التحصيـل للطعام، فـإن القـوي يحصله ظاهـرًا بقوته، والضعيـف بحيلتـه. فأشـار بـه إلى أن حصـول ذلـك بمحـض الفضـل مـن اللـه تعـالى. ورواه أحمـد بزيـادة: «ومـن لبـس ثوبًا فقـال: الحمد الله الذي كسـاني هذا ورزقنيـه من غير حول منـي ولا قـوة، غفـر لـه مـا تقد مـن ذنبه ومـا تأخر».

735. Mu'adh bin Anas ﷺ reported: Messenger of Allah ﷺ said, "He who has taken food and says at the end: 'Al-hamdu lillahi-lladhi

at'amani hadha, wa razaqanihi min ghairi haulin minni wa la quwwatin (All praise is due to Allah Who has given me food to eat and provided it without any endeavour on my part or any power),' all his past sins will be forgiven." [At-Tirmidhi].

CHAPTER 101
Prohibition of Criticizing Food [736-737 of 1896]

[736] وعـن أبي هُريـرة قـال: مَـا عَـابَ رسـولُ الله طَعَامَاً قَـطُّ، إن اشـتَهَاهُ أكَلَـهُ، وَإنْ كَرِهَهُ تَرَكَهُ. متفـقٌ عَلَيْـهِ. في تعييـب الطعـام كسـر لقلـب صاحبـه، وفي مدحـه الثنـاء عـلى الله سبحانه وتعالى وجبر لقلب صاحبه.

736. Abu Hurairah reported: Messenger of Allah never found fault with food. If he had inclination to eating it, he would eat; and if he disliked it, he would leave it. Al-Bukhari and Muslim].]

[737] وعـن جابـر أنَّ النَّبيَّ سَـأَلَ أهْلَـهُ الأُدُمَ، فقالـوا: مَـا عِنْدَنَـا إلا خَلٌّ، فَدَعَـا بـهِ، فَجَعَلَ يَـأْكُلُ، ويقـول: «نِعْـمَ الأُدْمُ الخَـلُّ، نِعْـمَ الأُدْمُ الخَـلُّ». رواه مسلم. في هـذا الحديـث: مـدح التـأدم بالخـل. قـال في القامـوس: الخـل مـا حمـض مـن عصيـر العنـب وغـيره نافـع للمعـدة، واللثـة، والقـروح الخبيثـة، والحكـة، ونهـش الهـوام، وأكل الأفيـون، وحـرق النـار وأوجـاع الأسـنان وبخار حاره للاستقسـاء وعسر السـمع والـدوي والطنـين.

737. Jabir reported: The Prophet asked for sauce and was told that there was nothing except vinegar. He asked for it and began to eat from it saying, "How excellent is vinegar when eaten as sauce! How excellent is vinegar when eaten as Udm!" [Muslim].

CHAPTER 102
Response to an Invitation extended to a Man observing Saum (Fasting) [738-738 of 1896]

وهـو صائـم إذَا لَـمْ يفطر [738] عـن أبي هريـرة قـال: قَـالَ رسـول اللـه: «إذَا دُعِـيَ أَحَدُكُمْ فَلْيُجِبْ، فَإِنْ كَانَ صَائِماً فَلْيُصَلِّ، وَإِنْ كَانَ مُفْطِراً فَلْيَطْعَمْ». رواه مسلم. قَالَ العلماءُ: معنى «فَلْيُصَلِّ»:فَلْيَدْعُ، ومعنى «فَلْيَطْعَمْ»: فَلْيَأْكُلْ. المراد بالصوم هنا صيام التطوع. وفي الحديث: الأمر بإجابة الداعي، واستحباب الأكل والإفطار، إن جبر قلب الداعي.

738. Abu Hurairah reported: Messenger of Allah said, "When any of you is invited to a meal, he should accept the invitation. If he is observing Saum (fasting), he should supplicate for the betterment of the host and if he is not fasting, he should eat." [Muslim].

CHAPTER 103

What should one say to the Host if an uninvited Person is accompanied with an invited Person [739-739 of 1896]

[739] عَنْ أَبِي مسعود البَدْرِيِّ قَالَ: دعا رَجُلٌ النَّبِيَّ لِطَعَامٍ صَنَعَهُ لَهُ خَامِسَ خَمْسَةٍ، فَتَبِعَهُمْ رَجُلٌ، فَلَمَّا بَلَغَ البَابَ، قَالَ النَّبِيُّ: «إِنَّ هَذَا تَبِعَنَا، فَإِنْ شِئْتَ أَنْ تَأْذَنَ لَهُ، وَإِنْ شِئْتَ رَجَعَ». قَالَ: لا، بل آذَنُ لَهُ يَا رَسُولَ اللهِ. متفق عَلَيْهِ. قال الشارح: هذا لا يخالف ما جاء في حديث آخر من اتباعه أنسًا رضي الله عنه لما دعاه الخياط للضيافة، لأن هذا محمول على ما إذا لم يعلم برضا رب المنزل فبخلاف ما إذا كان واثقًا برضاه.

739. Abu Mas'ud Al-Badri ؓ reported: A man prepared some food especially for the Prophet ﷺ and invited him along with four others. But a man accompanied him. Having arrived at the door, Messenger of Allah ﷺ said to the host, "This person has followed us. You may allow him, if you like, and if you like he will return." He said: "O Messenger of Allah, I allow him, too." [Al-Bukhari and Muslim].

CHAPTER 104

Eating from what is in front of One [740-741 of 1896]

ووعظـه وتأديبـه مـن يسيء أكلـه [740] عن عمر بن أبي سَلمَة رضي الله عنهما، قَالَ: كُنْتُ غُلاماً في حِجْرِ رسولِ اللهِ وَكَانَتْ يَدي تَطيشُ في الصَّحْفَةِ، فَقَالَ لي رسولُ اللهِ: «يَا غُلامُ، سَمِّ اللهَ تَعَالَى، وَكُلْ بيَمِينِكَ، وَكُلْ مِمَّا يَلِيكَ». متفقٌ عَلَيْهِ. قَوْلهُ: «تَطِيشُ» بكسرِ الطاء وبعدها ياءٌ مثناة مـن تَحْت، معنـاه: تتحرك وتمتـد إلى نَواحي الصَّحْفَةِ. في هـذا الحديث: آداب الأكل والأمـر بـالأكل ممـا يليه إذا كان لونًا واحدًا.

740. 'Umar bin Abu Salamah (May Allah be pleased with them) reported: I was a boy under the care of Messenger of Allah ﷺ, and as my hand used to wander around in the dish, he ﷺ said to me once, "Mention Allah's Name (i.e., say Bismillah), eat with your right hand, and eat from what is in front of you." [Al-Bukhari and Muslim].

[741] وعـن سـلمةَ بن الأكْـوَعِ أنَّ رَجُلاً أَكَلَ عِنْدَ رَسُولِ الله بشِمَالِهِ، فَقَـالَ: «كُلْ بِيَمينِكَ» قَـالَ: لا أسْتَطِيعُ. قَـالَ: «لا اسْتَطَعْتَ»! مَا مَنَعَـهُ إلا الكِبْرُ! فَـمَا رَفَعَهَا إلى فِيهِ. رواه مسلم. دعـا عليـه لمـا رأى مـن عنـاده وكبره عن الانقيـاد للحق.

741. Salamah bin Al-Akwa' ﷺ reported on the authority of his father: A man ate with his left hand in the presence of Messenger of Allah ﷺ, whereupon he said, "Eat with your right hand." The man said: "I cannot do that." Thereupon he (the Prophet ﷺ) said, "May you not be able to do that." It was vanity that prevented him from doing it and he could not raise it (the right hand) up to his mouth afterwards. [Muslim].

CHAPTER 105
Prohibition of Eating two Date-fruits Simultaneously
[742-742 of 1896]

إذَا أكل جماعة إلا بإذن رفقته [742] عن جَبَلَة بن سُحَيْم، قَالَ: أَصَابَنَا عَامُ سَنَةٍ مَعَ ابن الزُّبَيْرِ؛ فَرُزِقْنَا تَمْراً، وَكَانَ عبدُ الله بن عمر رضي الله عنهما يَمُرُّ بنا ونحن نَأْكُلُ، فَيقُولُ: لا تُقَارِنُوا، فإنَّ النَّبيَّ نَهَى عنِ الاقرَانِ، ثُمَّ يَقُولُ: إلا أنْ يَسْتَأذِنَ الرَّجُلُ أخَاهُ. متفقٌ عَلَيْهِ. قال العلماء: إن كان يعلم رضا الشركاء بقرنه بينهما جاز مع الكراهة والنهي عن القرآن من حسن الأدب في الأكل. قوله: (نهى عن الإقران): قال ابن الأثير: كذا روي، والأصل القران.

742. Jabalah bin Suhaim reported: We were with 'Abdullah bin Az-Zubair (May Allah be pleased with them) in a time of famine, then we were provided with dates. (Once) when we were eating, 'Abdullah bin 'Umar (May Allah be pleased with them) passed by us and said: "Do not eat two dates together, for Messenger of Allah ﷺ prohibited it, unless one seeks permission from his brother (partner)." [Al-Bukhari and Muslim].

CHAPTER 106

What should a Person say or do when he Eats but is not Satisfied [743-743 of 1896]

[743] عن وَحْشِيِّ بن حرب أنَّ أصحابَ رسولِ الله قالوا: يَا رسولَ اللهِ، إنَّا نَأكُلُ وَلا نَشْبَعُ؟ قَالَ: «فَلَعَلَّكُمْ تَفْتَرِقُونَ» قالوا: نَعَمْ. قال: «فَاجْتَمِعُوا عَلَى طَعَامِكُمْ، وَاذْكُرُوا اسْمَ اللهِ، يُبَارَكْ لَكُمْ فِيهِ» رواه أبُو داود. فيه: أنَّ البركة تنزل مع الجماعة. زاد الطبراني من حديث ابن عمر: «فإن طعام الواحد يكفي الاثنين وطعام الاثنين يكفي الأربعة».

743. Wahshi bin Harb ؓ reported: Some of the Companions of Messenger of Allah ﷺ said: "We eat but are not satisfied." He ﷺ said, "Perhaps you eat separately." The Companions replied in affirmative. He then said: "Eat together and mention the Name of Allah over your food. It will be blessed for you." [Abu Dawud].

CHAPTER 107

Eating from the Side of the Vessel [744-745 of 1896]

والنهـي عـن الأكل مـن وسـطها فِيـهِ: قَوْلـه: «وَكُلْ مِمَّا يَلِيـكَ». متفق عَلَيْهِ كما سـبق. [744]
وعـن ابـن عبـاس رضي اللـه عنهـما، عن النبـي قَـالَ: «البَرَكَةُ تَنْـزِلُ وَسَـطَ الطعَـامِ؛ فَكُلُوا مِنْ حَافَتَيْـهِ، وَلا تَأكُلُـوا مِـنْ وَسَـطِهِ». رواه أَبُـو داود والترمـذي، وقـال: (حَدِيثٌ حَسَـنٌ صَحيحٌ).
قـال الشـافعي: فـإن أكل مـما يمـلي غـيره أو مـن رأس الطعـام أثـم بالفعـل الـذي فعلـه، إذا كان عالمًـا بنهـي النبي.

744. Ibn 'Abbas (May Allah be pleased with them) reported: The Prophet ﷺ said, "Blessing descends upon food in its middle, so eat from the sides of the vessel and do not eat from its middle." [At-Tirmidhi and Abu Dawud].

[745] وعـن عبـد اللـه بـن بُـسْرٍ قـال: كَانَ للنَّبِـيِّ قَصْعَـةٌ يُقَـالُ لَهَـا: الغَـرَّاءُ يَحْمِلُهَـا أرْبَعَـةُ رجـالٍ؛ فَلَـمَّا أضْحَوْا وَسَـجَدُوا الضُّحَـى أُتِيَ بِتِلْكَ الْقَصْعَةِ؛ يعنـي وَقَدْ ثُردَ فِيهَـا، فَالتَفُّوا عَلَيْهَا، فَلَـمَّا كَـثُرُوا جَثَـا رسـولُ اللـه. فَقَـالَ أعـرابِيٌّ: مَـا هـذِهِ الجِلْسَـةُ؟ قَـالَ رسـولُ اللـه: «إنَّ اللـهَ جَعَلَنِـي عَبْـداً كَريمـاً، وَلَـمْ يَجْعَلْنِـي جَبّـاراً عَنِيـداً»، ثُـمَّ قَالَ رسـولُ الله: «كُلُـوا مِـنْ حَوَالَيْهَا، وَدَعُـوا ذِرْوَتَهـا يُبَـارَكْ فِيـه». رواه أَبُـو داود بإسـنادٍ جيـد. «ذِرْوَتهـا»: أعْلاَهَـا بكـسر الـذال وضمهـا. قولـه: (الغـراء): قـال المنذر: سـميت غراء لبياضهـا بالألية والشـحم، أو لبياض برها، أو لبياضهـا باللـبن. وقـال غـيره: سـميت بذلـك لنفاسـة مـا فيهـا، أو لكـثرة مـا تسـعه. وروى أحمـد مـن حديـث ابـن بسر قـال: كان للنبـي جفنة لهـا أربع حلـق. وقوله: (جثًـا) أي: قعد عـلى ركبتيـه جالسًـا عـلى ظهـور قدميـه. وفيه: اسـتحباب هذه الجلسـة عند ضيـق المجلس وأن الأكل مـن الجوانـب مـع ذكـر اللـه تعـالى سـبب لحصـول البركة.

745. 'Abdullah bin Busr ﷺ reported: The Prophet ﷺ had a large bowl called Al-Gharra', which would be carried by four men. One day, when the Companions finished their Duha (forenoon optional) prayer, Al-Gharra' was brought full of sopped bread, meat

and broth, and they sat down around it. When their number increased, Messenger of Allah ﷺ sat down on his knees and rested on the soles of his feet. A bedouin said to him: "What sort of sitting is that?" Thereupon Messenger of Allah ﷺ said, "Verily, Allah has made me a courteous slave not a fierce tyrant." Then he said, "Eat from the sides of the bowl and leave the central part of it so that your food will be blessed." [Abu Dawud].

CHAPTER 108

Undesirability of Eating in a Reclining Posture
[746-747 of 1896]

[746] عن أبي جُحَيْفَةَ وَهْبِ بنِ عبدِ اللهِ قال: قَالَ رسولُ اللهِ: «لَا آكُلُ مُتَّكِئاً» رواه البخاري. قَالَ الخَطَّابِيُّ: المُتَّكِئُ هُنَا: هُوَ الجَالِسُ مُعْتَمِداً عَلَى وِطَاءٍ تحتَه، قَالَ: وأرادَ أَنَّهُ لَا يَقْعُدُ عَلَى الوِطَاءِ وَالوَسَائِدِ كَفِعْلِ مَنْ يُرِيدُ الإِكْثَارَ مِنَ الطَّعَامِ، بَلْ يَقْعُدُ مُسْتَوْفِزاً لَا مُسْتَوْطِئاً، وَيَأْكُلُ بُلْغَةً. هَذَا كلامُ الخَطَّابِيِّ، وأشارَ غَيْرُهُ إلى أَنَّ المُتَّكِئَ هُوَ المَائِلُ عَلَى جَنْبِهِ، واللهُ أعلم. كان النبي لا يأكل متربعًا، ولا على جنب، فأما الأكل متكئًا على جنب فهو فعل أهل الكبر وهو مكروه، والأكل متربعًا جائز.

746. Abu Juhaifah Wahb bin 'Abdullah ؓ reported: Messenger of Allah ﷺ said, "I do not eat reclining (against a pillow)." [Al-Bukhari].

[747] وعن أنسٍ قال: رَأَيْتُ رسولَ اللهِ جَالِساً مُقْعِياً يَأْكُلُ تَمْراً. رواه مسلم. «المُقْعِي»: هُوَ الَّذِي يُلْصِقُ أَلْيَتَيْهِ بالأرضِ، وَيَنْصِبُ سَاقَيْهِ. الإقعاء: هنا الاحتباء. وفيه: تواضعه غاية التواضع.

747. Anas ؓ reported: I saw Messenger of Allah ﷺ eating some dates while sitting on his buttocks, with his legs raised. [Muslim].

CHAPTER 109

Excellence of Eating with three Fingers and Licking them [748-754 of 1896]

واستحباب لعق الأصابع، وكراهة مسحها قبل لعقها واستحباب لعق القصعة وأخذ اللقمة التي تسقط منه وأكلها وجواز مسحها بعد اللعق بالكف والقدم وغيرهما يستحب لعق الأصابع بعد فراغه من الأكل. وأما لعقها في أثناء الأكل فمكروه؛ لأنه يعيدها إلى الطعام وعليها أثر ريقه. [748] عن ابن عباس رضي الله عنهما، قال: قال رسول الله: «إذَا أَكَلَ أَحَدُكُمْ طَعَاماً، فَلَا يَمْسَحْ أَصَابِعَهُ حَتَّى يَلْعَقَهَا أَوْ يُلْعِقَها». متفقٌ عَلَيْهِ. أي: يلعقها هو، أو يلعقها أهله، أو ولده، أو خادمه ومن لا يستقذر منه. قال الخطابي: عاب قوم أفسد عقلهم الطرفه، فزعموا أن لعق الأصابع مستقبح.

748. Ibn 'Abbas (May Allah be pleased with them) reported: Messenger of Allah ﷺ said, "When one of you finishes eating, he should not wipe his fingers until he has licked them himself or has given them to someone else to lick for him." [Al-Bukhari and Muslim].

[749] وعن كعب بن مالك قال: رَأيتُ رسولَ الله يَأكُلُ بِثَلَاثِ أصابعَ، فإذا فَرَغَ لَعِقَهَا. رواه مسلم. يستحب الأكل بثلاث أصابع إذا كان الطعام غير مائع. وما ورد أن النبي أكل بخمس فمحمول على بيان الجواز.

749. Ka'b bin Malik ﷺ reported: I saw Messenger of Allah ﷺ eating with three fingers (i.e., the thumb, the index finger and the middle finger) and licking them after having finished the food. [Muslim].

[750] وعن جابر أنَّ رسول الله أمر بلعق الأصابع والصحفة، وقال: «إنَّكُمْ لا تَدْرُونَ في أيِّ طَعَامِكُمُ البَرَكَةُ». رواه مسلم قيل: أن البركة هنا والله أعلم ما يحصل به التغذية، وتسلم عاقبته من أذى. ويقوي على الطاعة وغير ذلك. وقد تكون العلة هنا أن لا يتهاون بقليل الطعام أي الباقي في آخر القصعة، أو الساقط.

750. Jabir ﵁ reported: Messenger of Allah ﷺ commanded the licking of fingers and the gleaning of the dish, saying, "You do not know in which portion the blessing lies." [Muslim].

[751] وعنه: أنَّ رسول الله قَالَ: «إذَا وَقَعَتْ لُقْمَةُ أحَدِكُمْ، فَلْيأخُذْهَا فَلْيُمِطْ مَا كَانَ بِهَا مِنْ أذىً، وَلْيأْكُلْهَا، وَلا يَدَعْهَا لِلشَّيْطَان، وَلا يَمْسَحْ يَدَهُ بالمِنْدِيل حَتَّى يَلْعَقَ أصَابِعَه، فإنَّهُ لا يَدْري في أيِّ طَعَامِهِ البَرَكَةُ». رواه مسلم. في الحديث: استحباب إماطة التراب ونحوه عن اللقمة إذا سقطت، وأكلها تحرصًا على البركة، وحملاً للنفس على التواضع ومعاملة للشيطان بنقيض قصده.

751. Jabir ﵁ reported: Messenger of Allah ﷺ said, "When a morsel of any of you falls, he should pick it up and remove any of the dirt on it and then eat it, and should not leave it for Satan nor should wipe his hand with towel until he has licked his fingers, for he does not know in what portion of the food the blessing lies." [Muslim].

[752] وعنه: أنَّ رسول الله قَالَ: «إنَّ الشَّيْطَانَ يَحْضُرُ أحَدَكُمْ عِنْدَ كُلِّ شَيْءٍ مِنْ شَأنِهِ، حَتَّى يَحْضُرَهُ عِنْدَ طَعَامِهِ، فإذَا سَقَطَتْ لُقْمَةُ أحَدِكُمْ فَلْيَأخُذْهَا فليُمِطْ مَا كَانَ بِهَا مِنْ أذىً، ثُمَّ لِيَأْكُلْهَا وَلا يَدَعْهَا للشَّيْطَانِ، فإذا فَرَغَ فَلْيَلْعَقْ أصابِعَهُ، فإنَّهُ لا يَدْري في أيِّ طعامِهِ البَرَكَةُ». رواه مسلم. فيه: التحذير من الشيطان، والتنبيه على ملازمته الإنسان في سائر تصرفاته، فينبغي أن يتأهب ويحترز منه ولا يغتر بما يزينه له ليلهيه عن ذكر الله تعالى.

752. Jabir ﵁ reported: Messenger of Allah ﷺ said, "Satan appears at every thing done by you; he appears even at one's dinner. When a morsel of any of you falls, he should pick it up and remove any dirt on it, and then eat it. He should not leave it for Satan, nor should he wipe his hand with the towel until he has licked his fingers, for he does not know in what portion of the food the blessing lies." [Muslim].

[753] وعن أنسٍ قال: كَانَ رسولُ الله إذَا أكَلَ طَعَاماً، لَعِقَ أصَابِعَهُ الثَّلاَثَ، وقال: «إذَا سقَطَتْ لُقْمَةُ أحَدِكُمْ فَلْيُمِطْ عنها الأذى، وَليَأكُلْهَا، وَلا يَدَعْها لِلْشَّيْطَان» وأمَرَنا أن نَسْلُتَ القَصْعَةَ، وقال: «إنَّكُمْ لا تَدْرُونَ في أيِّ طَعَامِكُمُ البَرَكَةُ». رواه مسلم. قوله: (لعق أصابعه الثلاث)، أي: إذا اقتصر بالأكل عليها كما هو غالب أكله، وأما إذا أكل بالخمس فيلعق الجميع.

753. Anas ﷺ reported: Whenever Messenger of Allah ﷺ ate food, he would lick his three fingers and say, "If anyone of you drops a morsel of food, he should remove any dirt that may have stuck on it and then eat it, and should not leave it for Satan." He ﷺ also commanded us that we should glean the pot, saying, "You do not know in which part of your food the blessings lies." [Muslim].

[754] وعـن سـعيد بـن الحـارث: أنـه سـأل جابـراً عـن الوُضـوء مِمَّا مَسَّـتِ النَّـارُ، فَقَـالَ: لا، قَـدْ كُنَّـا زَمَـنَ النبـيّ لا نَجِدُ مِثْلَ ذَلِـكَ مـن الطّعـام إلا قليـلاً، فإذا نَحْـنُ وَجَدْنَـاهُ، لَـمْ يَكُنْ لنـا مَنَاديـلُ إلا أكُفَّنـا، وسَـواعِدَنَا، وأقْدامَنـا، ثُمَّ نُصَلِّي وَلا نَتَوَضَّأ. رواه البخـاري. في الحديث: دليـل عـلى عـدم وجـوب الوضـوء من أكل ما مسـته النـار بطبخ ونحـوه، وجواز مسـح وَضَرِ الطعـام بعـد اللعـق بأطـراف البدن.

754. Sa'id bin Al-Harith reported: I asked Jabir ﷺ whether it was obligatory to make Wudu' for Salat (prayer) after eating cooked food. He said: "No, because in the lifetime of Messenger of Allah ﷺ, such food was rarely available. We had no handkerchiefs, so when we ate such food we would wipe our fingers against our palms, forearms or (the sole of our) feet, and would offer Salat without fresh Wudu' (for prayer)." [Al-Bukhari].

CHAPTER 110
Merit of Sharing Food [755-756 of 1896]

[755] عن أبي هريرة قال: قَالَ رسول الله: «طَعَامُ الاثنينِ كافي الثلاثةِ، وطَعَـامُ الثَّلاَثَةِ كافي الأربعةِ». متفق عَلَيْهِ. المراد بهذا الحديث: الحض على المكارمة، والتقنع بالكفاية. وفيه: استحباب الاجتماع على الطعام وإن الجمع كلما كثر زادت البركة. وعند الطبراني: «كلوا جميعًا ولا تفرقوا، طعام الواحد يكفي الاثنين».

755. Abu Hurairah ؓ reported: Messenger of Allah ﷺ said, "The food of two persons suffices for three persons, and the food of three persons suffices for four persons." [Al-Bukhari and Muslim].

[756] وعن جابر قال: سَمِعْتُ رسول الله يقول: «طَعَامُ الوَاحِدِ يَكْفِي الاثْنَيْنِ، وَطَعَامُ الاثْنَيْنِ يَكْفِي الأَرْبَعَةَ، وَطَعَـامُ الأَرْبَعَـةِ يَكْفِـي الثَّمَانِيَـةَ». رواه مسلم. يعني إذا اجتمعوا كفاهم. وعند الطبراني عن ابن عمر بلفظ «طعام الاثنين يكفي الأربعة، وطعام الأربعة يكفي الثمانية، فاجتمعوا عليه ولا تفرقوا».

756. Jabir bin 'Abdullah ؓ reported: Messenger of Allah ﷺ said, "The food of one person suffices for two, the food of two persons suffices for four persons, and the food of four persons suffices for eight persons." [Muslim].

CHAPTER 111
Etiquette of Drinking Water [757-761 of 1896]

خارج الإناء وكراهة التَّنفُّس في الإناء واستحباب إدارة الإناء عَلَى الأيمن فالأيمن بعد المبتدئ [757] عن أنس أنَّ رسول الله ﷺ كانَ يَتَنَفَّسُ في الشَّرابِ ثَلاثاً. متفق عَلَيْهِ. يعني: يتنفس خارج الإناء. فيه: استحباب التنفس في الشراب ثلاثاً، ويجوز بنفس واحد كما ورد في بعض الروايات

757. Anas ؓ reported: Messenger of Allah ﷺ used to breathe three times in the course of a drink (he used to drink in three gulps). [Al-Bukhari and Muslim].

[758] وعن ابن عباس رضي الله عنهما، قَالَ: قَالَ رسول الله: «لا تَشْرَبُوا وَاحِداً كَشُرْبِ البَعيرِ، وَلَكِنِ اشْرَبُوا مَثْنَى وَثَلاثَ، وَسَمُّوا إذَا أنْتُمْ شَرِبْتُمْ، وَاحْمَدُوا إذَا أنْتُمْ رَفَعْتُمْ». رواه الترمذي، وقال: (حَديثٌ حسنٌ). النهي عن الشرب من نفس واحد للتنزيه. قال عمر بن عبد العزيز: إنما نهي عن التنفس داخل الإناء. أما من لم يتنفس فإن شاء فليشرب بنفسٍ واحد. وفي الحديث: الأمر بالتسمية عند الشراب، والحمد عند الفراغ.

758. Ibn 'Abbas (May Allah be pleased with them) reported: Messenger of Allah ﷺ said, "Do not drink in one gulp like a camel, but in two or three (gulps). Mention the Name of Allah (i.e., say Bismillah) when you start drinking and praise Him (i.e., say Al-hamdu lillah) after you have finished (drinking)." [At-Tirmidhi].

[759] وعن أبي قَتَادَة أنَّ النبيَّ نَهَى أنْ يُتَنَفَّسَ في الإناء. متفق عَلَيْهِ. يعني: يتنفس في نفس الإناء. النهي عن التنفس في الشرب كالنهي عن النفخ في الطعام والشراب لئلا يتقذر به من البزاق أو أثر رائحة كريهة تعلق بالماء.

759. Abu Qatadah ؓ reported: The Prophet ﷺ forbade breathing into the vessel while drinking. [Al-Bukhari and Muslim].

[760] وعـن أنـس أنَّ رسـول اللـه أُتِيَ بِلَبَنٍ قَدْ شِـيبَ بماءٍ، وَعَـنْ يَمِينهِ أعْرَابِيٌّ، وَعَنْ يَسَـارِهِ أَبُو بَكْـر، فَـشَرِبَ، ثُـمَّ أعْطَـى الأعْـرابِيَّ، وقال: «الأيْمَـنَ فالأيْمَـنَ» متفق عَلَيْـهِ. قَوْله: «شِـيب» أيْ: خُلِـطَ. كانـت العـادة جاريـة بتقديـم الأيمـن في الـشرب وغـيره، فبـيَّن النبي بفعلـه وقوله أن تلـك العـادة لم يغيرهـا الـشرع، وأن السـنَّة تقديم الأيمـن وإن كان الأيـسر أفضل منه.

760. Anas رضي الله عنه reported: Milk mixed with water was brought to Messenger of Allah ﷺ. On his right side was sitting a bedouin and on his left was sitting Abu Bakr رضي الله عنه. He ﷺ drank from it and handed the rest to the bedouin saying, "One who is on the right has preference, then again the one who is on the right." [Al-Bukhari and Muslim].

[761] وعـن سـهلِ بـن سـعدٍ أنَّ رسـول اللـه أُتِيَ بِشراب، فَـشَرِبَ مِنْهُ وَعَـنْ يَمِينِهِ غُـلامٌ، وَعَنْ يَسَـارِهِ أشْـيَاخٌ، فَقَـالَ للغُـلامِ: «أتَـأْذَنُ لِي أنْ أُعْطِـيَ هـؤُلاَءِ؟» فَقَـالَ الغُـلامُ: لا واللـهِ، لا أُوثِـرُ بنَصيبِـي مِنْـكَ أَحَـداً. فتَلَّـهُ رسـول اللـه في يَـدِهِ. متفـقٌ عَلَيْهِ.قَوْله: «تَلَّـهُ» أيْ وَضَعَـهُ. وهذا الغـلامُ هُـوَ ابْـنُ عبـاس رضي اللـه عنهما. قال ابـن الجوزي: إنما اسـتأذن الغـلام دون الأعرابي، لأنـه لم يكـن لـه علـم بالشريعـة، فاسـتألفه بترك اسـتئذانه بخـلاف الغلام.

761. Sahl bin Sa'd رضي الله عنه reported: A drink was brought to Messenger of Allah ﷺ and he drank (some) from it. On his right was a boy and on his left were some elderly people. He ﷺ said to the boy, "Would you permit me to give rest of this drink to these on my left?" The boy said: "O Messenger of Allah, I would certainly not give preference to anyone in anything that might come to me from you." So he ﷺ handed over the rest of the drink to him. [Al-Bukhari and Muslim].

CHAPTER 112

Undesirability of Drinking directly from the mouth of a Water-Skin [762-764 of 1896]

وبيان أنه كراهة تنزيه لا تحريم [762] عن أبي سعيدٍ الْخُدْريِّ قال: نَهَى رسول الله عن اخْتِنَاثِ الأَسْقِيَةِ. يعني: أن تُكْسَرَ أفْواهُها، وَيُشْرَبَ مِنْهَا. متفق عَلَيْهِ. سبب النهي أن رجلاً شرب من سقاء فانساب في بطنه جيان، فنهى رسول الله عن اختناث الأسقية.

762. Abu Sa'id Al-Khudri ﵁ reported: Messenger of Allah ﷺ forbade turning the water-skin upside down and drinking directly from its mouth. [Al-Bukhari and Muslim].

[763] وعن أبي هريرة قال: نَهَى رسول الله أن يُشْرَبَ مِنْ فِيِّ السِّقَاءِ أَوْ القِرْبَةِ. متفق عَلَيْهِ.

763. Abu Hurairah ﵁ reported: Messenger of Allah ﷺ prohibited drinking directly out of the mouth of a water-skin. [Al-Bukhari and Muslim].

[764] وعن أم ثابتٍ كَبْشَةَ بنتِ ثابتٍ أُختِ حَسَّانَ بن ثابتٍ رضي الله عنهما، قالت: دخل عَلَيَّ رسولُ الله فَشَرِبَ مِنْ فِيِّ قِرْبَةٍ مُعَلَّقَةٍ قَائِماً، فَقُمْتُ إِلَى فِيهَا فَقَطَعْتُهُ. رواه الترمذي، وقال: (حَدِيثٌ حَسَنٌ صَحيحٌ).وإنّما قَطَعَتْهَا: لِتَحْفَظَ مَوْضِعَ فَمِ رسول الله وَتَتَبَرَّكَ بِهِ، وتَصُونَهُ عَنِ الابْتِذَال. وهذا الحديث محمولٌ عَلَى بيان الجواز، والحديثان السابقان لبيان الأفضل والأكمل، والله أعلم. في الحديث: دليل على بيان أن النهي عن الشرب من فم القربة، وعن القيام حال الشرب ليس على سبيل التحريم بل على سبيل التنزيه. أو أنه فعل ذلك لعدم إمكان الشرب حينئذٍ إلا كذلك.

764. Umm Thabit Kabshah ﵂, daughter of Thabit ﵁ and the sister of Hassan bin Thabit, the Prophet's poet) reported: Messenger of Allah ﷺ visited me and drank some water from a hanging water-skin while he was in a standing posture. So, I stood up and

cut off the mouth (of that water-skin). An-Nawawi said that the reason why she did this was to keep to receive benediction that part of the water-skin which the lips of Messenger of Allah ﷺ touched. [At-Tirmidhi].

CHAPTER 113

Undesirability of blowing into the Vessel while Drinking [765-766 of 1896]

[765] عن أَبي سعيد الخدري أنَّ النَّبيَّ نَهَى عَن النَّفْخ في الشَّرَاب، فَقَالَ رَجُلٌ: القَذَاةُ أراها في الإناءِ؟ فَقَالَ: «أهرقها».قَالَ: إنِّي لا أرْوَى مِنْ نَفَسٍ وَاحِدٍ؟ قَالَ: «فَأَبِنِ القَدَحَ إذاً عَنْ فِيكَ». رواه الترمذي، وقال: (حَدِيثٌ حَسَنٌ صَحيحٌ).

765. Abu Sa'id Al-Khudri ﷺ reported: Messenger of Allah ﷺ prohibited us blowing in the drinking water. A man said: "O Messenger of Allah! Sometimes I see some litter floating about on the surface. What should I do then?" He ﷺ replied, "Pour them out." Then the man said: "My thirst is not quenched with one draught." Messenger of Allah ﷺ said, "Then put away the cup from your mouth (in between three gulps), and take breath." [At-Tirmidhi].

[766] وعن ابن عباس رضي الله عنهما: أنَّ النبيَّ نهى أن يُتَنَفَّسَ في الإناءِ أَوْ يُنْفَخَ فِيهِ. رواه الترمذي، وقال: (حَدِيثٌ حَسَنٌ صَحيحٌ. (النهي عن النفخ في الإناء والتنفس فيه لئلا يقذر الشراب أو الطعام.

766. Ibn 'Abbas (May Allah be pleased with them) reported: The Prophet ﷺ prohibited us from breathing into the drinking vessel or blowing onto. [At-Tirmidhi].

CHAPTER 114

Permission to Drink while in a standing Posture
[767-772 of 1896]

وبيان أنَّ الأكمل والأفضل الشرب قاعداً فيهِ حديث كبشة السابق. دخل عَلَيَّ رسول الله فشرب من فيِّ قربة معلقة. [767] وعن ابن عباس رضي الله عنهما، قَالَ: سَقَيْتُ النَّبِيَّ مِنْ زَمْزَمَ، فَشَرِبَ وَهُوَ قَائِمٌ. متفقٌ عَلَيْهِ. فيه: جواز الشرب قائماً لعذر. قيل: إنما شرب النبي قائماً لضيق المحل عن التمكن من الجلوس للشرب.

767. Ibn 'Abbas (May Allah be pleased with them) reported: I served Messenger of Allah ﷺ Zamzam water to drink and he drank it while he was standing. [Al-Bukhari and Muslim].

[768] وعن النَّزَّالِ بنِ سَبْرَةَ قال: أَتَى عَلِيٌّ بَابَ الرَّحْبَةِ بماءٍ، فَشَرِبَ قائماً، وقال: إنِّي رَأَيْتُ رسولَ الله فَعَلَ كما رَأَيْتُمُوني فَعَلْتُ. رواه البخاري. فيه: دليلٌ على جواز الشرب قائماً في بعض الأحيان.

768. An-Nazzal bin Sabrah ؓ reported: 'Ali bin Abu Talib ؓ arrived at Bab Ar-Rahbah (in Kufah) and drank water in a standing posture. Then he said: "I saw Messenger of Allah ﷺ doing what you have seen me doing." [Al-Bukhari].

[769] وعن ابن عمر رضي الله عنهما، قَالَ: كُنَّا نَأْكُلُ عَلَى عهدِ رسولِ الله وَنَحْنُ نَمْشِي، وَنَشْرَبُ ونَحْنُ قِيَامٌ. رواه الترمذي، وقال: (حَدِيثٌ صَحِيحٌ). هذا محمول على أنه جائز، أي لا يحرم وإن كان منهيًّا عنه، فالنهي فيه للتنزيه.

769. Ibn 'Umar (May Allah be pleased with them) reported: During the lifetime of Messenger of Allah ﷺ we would eat while walking and would drink while standing. [At-Tirmidhi].

[770] وعـن عمـرو بـن شعيب عـن أبيـه عـن جَدِّه قـال: رأيتُ رسول الله يَشْرَبُ قَائِماً وقَاعِداً. رواه الترمذي، وقال: (حَدِيثٌ حَسَنٌ صَحِيحٌ). وهـذا أيضًا محمول عند الجمهور على بيـان الجـواز أو أن ضرورة ضيـق المحـل حملتـه على ذلك. وأما شربه قاعدًا فهو الأكثر.

770. 'Amr bin Shu'aib on the authority of his father and grandfather reported: that they saw Messenger of Allah ﷺ drink standing, and sitting. [At-Tirmidhi].

The last three Ahadith point out the permissibility of eating and drinking while walking or standing or sitting, but drinking in the sitting position remains the best.

[771] وعن أنس عـن النبيّ: أنه نَهى أن يَشْرَبَ الرّجُلُ قَائِماً. قَالَ قتادة: فَقُلْنَا لأنَس: فالأكْلُ؟ قَالَ: ذَلِكَ أَشَرُّ - أَوْ أَخْبَثُ - رواه مسلم. وفي رواية لَـهُ: أَنَّ النبيَّ زَجَرَ عَنِ الشُّرْبِ قَائِماً. قال الحافظ: وإنما جعل الأكل شرًا لطول زمانه بالنسبة لزمان الشرب.

771. Anas ﷺ reported: The Prophet ﷺ forbade us from drinking while standing. Qatadah reported: "We asked him: 'What about eating?'" He said: "That is even worse, (or may be he said) more detestable."

Another narration is: Messenger of Allah ﷺ reprimanded us for drinking while standing. [Muslim].

[772] وعن أبي هريرة قـال: قَالَ رسـول الله: «لا يَشْرَبَنَّ أَحَدٌ مِنْكُمْ قَائِماً، فَمَنْ نَسِيَ فَلْيَسْتَقِئْ». رواه مسلم النهـي محمول عـلى التنزيـه، والتقيؤ محمول عـلى الاستحباب إذا لم يكن الـشرب قائمًا لعذر.

772. Abu Hurairah ﷺ reported: Messenger of Allah ﷺ said, "None of you should drink standing; and if any one forgets, he must vomit." [Muslim].

CHAPTER 115
Excellence of Cupbearer drinking Last
[773-773 of 1896]

[773] عن أبي قتادة عن النبي قَالَ: «سَاقِي القَوْمِ آخِرُهُمْ شُرْباً».رواه الترمذي، وقال: (حَدِيثٌ حَسَنٌ صَحِيحٌ). قال النووي: هذا أدب من آداب ساقي الماء واللبن ونحوهما وفي معناه من يفرق على الجماعة مأكولاً كلحم وفاكهة وغيرهما، فليكن المفرق آخرهم تناولاً منه لنفسه.

773. Abu Qatadah reported: Messenger of Allah said, "He who serves others with drinking water should be the last to drink himself." [At-Tirmidhi].

CHAPTER 116

Permissibility of drinking water from clean Vessels of all types except Gold and Silver ones [774-778 of 1896]

مـن جميـع الأواني الطاهـرة غـير الذهـب والفضة وجواز الكـرع - وَهُوَ الـشرب بالفم من النهـر وغـيره بغـير إنـاء ولا يد -وتحريم اسـتعمال إنـاء الذهب والفضـة في الشرب والأكل والطهـارة وسـائر وجـوه الاسـتعمال [774] عـن أنـس قـال: حَـضَرَتِ الصَّـلاَةُ فقـامَ مَـن كَانَ قَريـبَ الـدَّارِ إِلَى أَهْلِـهِ، وبَقِـيَ قَـوْمٌ، فـأُتِيَ رسـول الله بِمَخْضَـبٍ مِـنْ حِجَـارَةٍ، فَصَغُـرَ المخْضَـبُ أَنْ يَبْسُـطَ فِيـهِ كَفَّـهُ، فَتَوَضَّـأَ القَـوْمُ كُلُّهُمْ. قالوا: كَـمْ كُنْتُمْ؟ قَـالَ: ثَمَانِينَ وزيادة. متفـق عَلَيْـهِ، هـذه روايـة البخـاري. وفي روايـة لَـهُ ولمسـلم: أَنَّ النَّبـيَّ دَعَـا بإناءٍ مِـنْ ماءٍ، فَـأُتِيَ بقَـدَحٍ رَحْـرَاحٍ فِيـهِ شَيْءٌ مِـنْ مـاءٍ، فَوَضَـعَ أصابعَـهُ فِيـهِ. قَـالَ أنـسٌ: فَجَعلْـتُ أَنْظُـرُ إِلَى المـاءِ يَنْبُـعُ مِـنْ بَـيْنِ أَصَابِعِـهِ، فَحَـزَرْتُ مَـنْ تَوضَّأ منـه مَا بَـيْنَ السَّـبْعِينَ إِلَى الثَّمَانينَ. في الحديـث: علـم مـن أعـلام النبوة. والرحراح: الواسـع المنبسـط قريـب القعـر. وفيه: جواز الوضـوء من إنـاء الخشـب ونحوه.

774. Anas bin Malik ﷺ reported: Once the time for As-Salat (the prayer) approached. Those whose houses were near, went to their houses to perform Wudu' while some of the people remained with Messenger of Allah ﷺ. A stone (containing some water) bowl was brought for him. It was too small for him to spread his hand over it. He performed his Wudu' and it (the water) sufficed for all the others also. Anas was asked: "How many of you were present there?" He said: "Eighty or more." [Al-Bukhari and Muslim].

Another narration in Muslim is: The Prophet ﷺ called for a vessel containing water. A wide shallow vessel with a little water in it was brought for him. He put his fingers in it. Anas says: "I kept looking at the water pouring from between his fingers. I estimated that the number of people who made their Wudu' with it was from seventy to eighty."

[775] وعـن عبـد اللـه بـن زيـد قـال: أتَانَا النبيُّ فَأَخْرَجْنَا لَهُ مَاءً في تَوْرٍ مِنْ صُفْرٍ فَتَوَضَّأَ. رواه البخاري. «الصُّفْر»: بضم الصاد، ويجوز كسرها، وَهُوَ النُّحاس، و«التَّوْر»: كالقدح، وَهُوَ بالتاء المثناة من فوق. فيه: جـواز الوضوء في إناء الصفر ونحوه.

775. 'Abdullah bin Zaid ﷺ reported: The Prophet ﷺ visited us and we brought water for him in a brass vessel for his ablution and he performed ablution. [Al-Bukhari].

[776] وعن جابر أنَّ رسول الله دَخَلَ عَلَى رَجُلٍ مِنَ الأَنْصَارِ، وَمَعَهُ صَاحِبٌ لَهُ، فَقَالَ رسول الله: «إنْ كَانَ عِنْدَكَ مَاءٌ بَاتَ هذِهِ اللَّيْلَةَ في شَنَّةٍ وَإلا كَرَعْنَا». رواه البخاري. «الشنّ»: القربـة. في الحديث: جواز الكرع للحاجة إليه.

776. Jabir ﷺ reported: Messenger of Allah ﷺ visited the house of a man of the Ansar with one of his Companions and said to him, "If you have some water in the water-skin left over from last night, give it to us for drinking; otherwise, we shall drink from some stream directly." [Al-Bukhari].

[777] وعـن حذيفـة قـال: إنَّ النبيَّ نَهَانَا عَـنِ الحَرِيـرِ، وَالدِّيبَاجِ، والشُّـرْبِ في آنِيَـةِ الذَّهَبِ والفِضَّةِ، وقال: «هِيَ لَهُمْ في الدُّنْيَا، وَهِيَ لَكُمْ في الآخِرَةِ». متفقٌ عَلَيْهِ. الديباج: نوع من الحريـر، وعطفـه عليـه مـن عطف العام على الخاص. وفيـه: تحريم الشـرب في آنية الذهب والفضـة، ولبس الحريـر، وأن ذلك للكفار في الدنيا، وللمؤمن في الآخرة.

777. Hudhaifah ﷺ reported: The Prophet ﷺ prohibited us from wearing brocade or silk and drinking out of gold or silver vessels and said, "These are meant for them (disbelievers) in this world and for you in the Hereafter." [Al-Bukhari and Muslim].

[778] وعن أمّ سلمة رضي الله عنها: أنَّ رسـول الله قَـالَ: «الَّذِي يَشْرَبُ في آنِيَةِ الفِضَّةِ، إنَّمَا يُجَرْجِرُ في بَطْنِهِ نَارَ جَهَنَّمَ». متفقٌ عَلَيْهِ. وفي رواية لمسلم: «إنَّ الَّذِي يَأْكُلُ أَوْ يَشْرَبُ في آنِيَةِ الفِضَّةِ وَالذَّهَبِ». وفي رواية لـه: «مَنْ شَرِبَ في إناء مِنْ ذَهَبٍ أَوْ فِضَّةٍ، فَإِنَّمَا يُجَرْجِرُ في بَطْنِهِ نَارًا مِنْ جَهَنَّمَ». فيه: الوعيد الشديد في استعمال أواني الذهب والفضة في الأكل والشرب ويقاس على ذلك سائر الاستعمالات.

778. Umm Salamah ﷺ reported: Messenger of Allah ﷺ said, "He

who drinks from the vessel of silver kindles the Fire (of Hell) in his belly." [Al-Bukhari and Muslim].

A narration in Muslim is: Messenger of Allah ﷺ said, "Surely, he who eats or drinks in gold and silver vessels fills his belly with Hell-fire."

BOOK THREE
THE BOOK OF DRESS

CHAPTER 117

Excellence of wearing white clothes and the permissibility of wearing red, green, yellow and black clothes made from Cotton, Linen but not Silk [779-788 of 1896]

والأصفر والأسود، وجوازه من قطن وشعر وصوف وغيرها إلا الحرير قَالَ اللهُ تَعَالَى: ﴿يَا بَنِي آدَمَ قَدْ أَنزَلْنَا عَلَيْكُمْ لِبَاساً يُوَارِي سَوْآتِكُمْ﴾ [الأعراف (26)]. قوله: ﴿أَنزَلْنَا عَلَيْكُمْ﴾، أي: خلقنا لكم، ولما كان بقضاء سماوي، وأسباب من السماء. قال: ﴿وَأَنزَلْنَا﴾ وسُمِّيت العورة سوأة؛ لأنه يسوء انكشافها. والريش: ما يتجمّل به ظاهرًا. وعن عليّ مرفوعًا أنه لبس ثوبًا، فقال حين لبسه: «الحمد لله الذي رزقني من الرياش ما أتجمَّل به في الناس، وأُواري به عورتي». رواه الإمام أحمد. وقال تَعَالَى: ﴿وَجَعَلَ لَكُم مِّنَ الْجِبَالِ أَكْنَاناً وَجَعَلَ لَكُمْ سَرَابِيلَ تَقِيكُمُ الْحَرَّ وَسَرَابِيلَ تَقِيكُم بَأْسَكُمْ﴾ [النحل (81)]. قوله: ﴿تَقِيكُمُ الْحَرَّ﴾ أي: والبرد اكتفاء بدلالة قرينة عليه بالأولى. ﴿وَسَرَابِيلَ تَقِيكُم بَأْسَكُمْ﴾، أي: حربكم كالدروع ونحوها.

[779] وعن ابن عباس رضي الله عنهما: أنّ رسول الله قَالَ: «الْبَسُوا مِنْ ثِيَابِكُمُ الْبَيَاضَ، فَإِنَّهَا مِنْ خَيْرِ ثِيَابِكُمْ، وَكَفِّنُوا فِيهَا مَوْتَاكُمْ». رواه أبُو داود والترمذي، وقال): حَدِيثٌ حَسَنٌ صَحِيحٌ. (في الحديث: استحباب لبس البياض، وأنه أطيب من غيره من سائر الألوان.

779. Ibn 'Abbas (May Allah be pleased with them) reported: I heard Messenger of Allah ﷺ saying, "Put on white clothes because they are the best; and use them for shrouding your dead." [At-Tirmidhi and Abu Dawud].

[780] وعن سَمُرَة قال: قَالَ رسول الله: «الْبَسُوا الْبَيَاضَ؛ فَإِنَّهَا أَطْهَرُ وَأَطْيَبُ، وَكَفِّنُوا فِيهَا مَوْتَاكُمْ». رواه النسائي والحاكم، وقال: «حديث صحيح». قوله: «فإنها أطهر»، أي لأنها لنقائها يظهر ما يخالطاها من الدنس وإن قل. وقوله: «أطيب»، أي: لسلامتها غالبًا عن الخيلاء

780. Samurah ﷺ reported: Messenger of Allah ﷺ said, 'Wear white

clothes because they are the purest and they are closest to modesty; and shroud the dead in it." [An-Nasa'i and Al-Hakim].

[781] وعن البراء قال: كان رسول الله مَرْبُوعاً، وَلَقَدْ رَأَيْتُهُ في حُلَّةٍ حَمْرَاءَ مَا رَأَيْتُ شَيْئاً قَطُّ أَحْسَنَ مِنْهُ. متفق عَلَيْهِ. الحلة: ثوبان من جنس واحد. قوله: «حمراء»: قال الحافظ ابن حجر: هي ثياب ذات خطوط.

781. Bara' reported: Messenger of Allah was of medium stature. I saw him wearing a red mantle. I have never seen anything more graceful than that. [Al-Bukhari and Muslim].

[782] وعن أبي جُحَيْفَةَ وَهْبِ بنِ عبدِ اللهِ قال: رَأَيْتُ النبيَّ بمكةَ وَهُوَ بالأبْطَحِ في قُبَّةٍ لَهُ حَمْرَاءَ مِنْ أَدَم، فَخَرَجَ بِلالٌ بِوَضُوئِهِ، فَمِنْ نَاضِحٍ وَنَائِلٍ، فَخَرَجَ النبيُّ وعليه حُلَّةٌ حَمْرَاءُ، كَأَنِّي أَنْظُرُ إلى بَيَاضِ سَاقَيْهِ، فَتَوَضَّأَ وَأَذَّنَ بِلالٌ، فَجَعَلْتُ أَتَتَبَّعُ فَاهُ ها هنا وَها هنا، يقول يميناً وشمالاً: حيَّ على الصلاةِ، حيَّ على الفلاحِ، ثُمَّ رُكِزَتْ لَهُ عَنَزَةٌ، فَتَقَدَّمَ فَصَلَّى يَمُرُّ بَيْنَ يَدَيْهِ الْكَلْبُ وَالْحِمَارُ لا يُمْنَعُ. متفق عَلَيْهِ. «العَنَزَة» بفتح النون: نحو العُكازة. في الحديث: جواز لبس الأحمر. وفيه: مشروعية السترة للمصلي، وأن المار من ورائها لا يضر المصلي. وفيه: مشروعية الالتفات في الأذان يمينًا عند قوله: حيَّ على الصلاة، وشمالاً عند قوله: حيَّ على الفلاح.

782. Abu Juhaifah Wahb bin 'Abdullah reported: I saw the Prophet by Al-Abtah valley in Makkah, in a red tent made from tanned skin. Bilal brought him ablution water. Then Messenger of Allah came out wearing a red mantle; and I can still remember looking at whiteness of his shanks. So he made his ablution, and Bilal pronounced the call for prayer (Adhan). I kept following the movement of his (Bilal's) face to the right and to the left when he recited: 'Come to the prayer; come to the success.' Then a spear was fixed (as a Sutrah) in front of Messenger of Allah who then stepped forward and led the prayer. Dogs and donkeys passed in front of him (beyond the spear) and no one prevented them from doing so. [Al-Bukhari and Muslim].

[783] وعن أبي رِمْثَةَ رِفَاعَةَ التَّيْمِيِّ قال: رَأَيْتُ رسولَ اللهِ وعليهِ ثوبانِ أَخْضَرَانِ. رواه أبو داود والترمذي بإسنادٍ صحيحٍ. في الحديث: جواز لبس الأخضر قال ابن بطال: الثياب

الخضر من لباس أهل الجنة، وكفى بذلك شرفًا.

783. Abu Rimthah Rifa'ah At-Taimi ؓ reported: I saw Messenger of Allah ﷺ wearing two green garments. [Abu Dawud and At-Tirmidhi].

[784] وعن جابر أنَّ رسول الله دَخَلَ يَوْمَ فَتْحِ مَكَّةَ وَعَلَيْهِ عِمَامَةٌ سَوْدَاءُ. رواه مسلم. في الحديث: جواز لبس الأسود.

784. Jabir ؓ reported: Messenger of Allah ﷺ entered Makkah on the day of its conquest and he was wearing a black turban. [Muslim].

[785] وعن أبي سعيد عمرو بن حُرَيْثٍ قال: كَأَنِّي أَنْظُرُ إِلَى رسول الله وعليه عِمَامَةٌ سَوْدَاءُ، قَدْ أَرْخَى طَرَفَيْهَا بَيْنَ كَتِفَيْهِ. رواه مسلم. وفي رواية لَهُ: أنَّ رسول الله خَطَبَ النَّاسَ، وَعَلَيْهِ عِمَامَةٌ سَوْدَاءُ. فيه: استحباب إرخاء طرف العمامة بين الكتفين.

785. Abu Sa'id 'Amr bin Huraith ؓ reported: As if I am seeing Messenger of Allah ﷺ wearing a black turban and both ends of it are falling over his shoulders. [Muslim].

Another narration is: Messenger of Allah ﷺ was delivering a Khutbah wearing a black turban.

[786] وعن عائشة رضي الله عنها قالت: كُفِّنَ رسول الله في ثلاثةِ أَثْوَابٍ بِيضٍ سَحُولِيَّةٍ مِنْ كُرْسُفٍ، لَيْسَ فِيهَا قَمِيصٌ وَلَا عِمَامَةٌ. متفق عَلَيهِ. «السَّحُولِيَّةُ» بفتح السين وضمها وضم الحاء المهملتين: ثيابٌ تُنْسَبُ إلى سَحُولَ: قَرْيَةٍ باليَمنِ «وَالْكُرْسُف»: القُطْنُ. هذا أفضل الكفن من العدد للرجال، ومن الألوان للرجال والنساء.

786. 'Aishah ؓ reported: The body of Messenger of Allah ﷺ was shrouded in three white Yemeni cotton garments, among which was neither a gown nor a turban. [Al-Bukhari and Muslim].

[787] وعنها قالت: خرج رسول الله ذات غَدَاةٍ، وَعَلَيْهِ مِرْطٌ مَرَحَّلٌ مِنْ شَعَرٍ أَسْوَد. رواه مسلم. «المِرْط» بكسر الميم: وَهُوَ كِسَاءٌ وَ«المُرَحَّلُ» بالحاء المهملة: هُوَ الَّذِي فيه صورةُ رحالِ الإبلِ، وهِيَ الأَكْوَارُ. في الحديث: جواز تصوير ما لا روح فيه، وجواز لبسه ولبس الشعر.

787. 'Aishah ﵂ reported: One morning Messenger of Allah ﷺ went out wearing a black blanket made of camel's or sheep's black hair with patterns of camels' bags upon it. [Muslim].

[788] وعـن المغـيرة بـن شُـعْبَةَ قـال: كُنْـتُ مَـعَ رسـول اللـه ذاتَ لَيْلَـةٍ في مسـير، فقَـالَ لي: «أمَعَـكَ مَـاءٌ؟» قلـتُ: نَعَـمْ، فَنَـزَلَ عَـنْ رَاحِلَتِـهِ فَمَـشَى حَتَّى تَـوَارَى في سَـوَادِ اللَّيْلِ، ثُـمَّ جَاءَ فَأَفْرَغْـتُ عَلَيْـهِ مِـنَ الإدَاوَةِ، فَغَسَـلَ وَجْهَـهُ وَعَلَيْـهِ جُبَّـةٌ مِـنْ صُوفٍ، فَلَـمْ يَسْـتَطِعْ أنْ يُخْرِجَ ذِرَاعَيْـهِ مِنْهَـا حَتَّـى أخْرَجَهُـمَا مِنْ أسْـفَلِ الْجُبَّةِ، فَغَسَـلَ ذِرَاعَيْهِ وَمَسَـحَ بِرَأسِـهِ، ثُـمَّ أهْوَيْتُ لأَنْـزَعَ خُفَّيْـهِ، فَقَـالَ: «دَعْهُـمَا فَـإنِّي أَدْخَلْتُهُـمَا طَاهِرَتَـيْنِ» وَمَسَـحَ عَلَيْهِـمَا. متفـقٌ عَلَيْـهِ.وفي روايـة: وَعَلَيْـهِ جُبَّـةٌ شَـامِيَّةٌ ضَيِّقَةُ الكُمَّـيْنِ.وفي رواية: أنَّ هـذِهِ القَضِيَّةَ كَانَتْ في غَـزْوَةِ تَبُوكَ. في الحديـث: اسـتحباب الإبعـاد لقضاء الحاجة، وجـواز لبس الصوف. وفيه: مشروعية مسـح الخفـين إذا لبسـهما عـلى طهارة.

788. Al-Mughirah bin Shu'bah ﵁ reported: I was with Messenger of Allah ﷺ in a journey one night, and he asked me, "Do you have any water with you?" I said, "Yes." So he dismounted from his riding camel and walked away (to answer the call of nature) until he disappeared in the darkness. When he returned, I poured out some water from a vessel and he washed his face. He was wearing a long woollen cloak and could not take out his forearms from his sleeves, so he brought them out from below the cloak and then washed them, and then passed his (wet) hands over his head. I stretched out my hand to take off his Khuff (leather socks), but he said, "Leave them. I put them on after performing Wudu'," and he passed his (wet) hands over them. [Al-Bukhari and Muslim].

Another narration is: Messenger of Allah ﷺ was wearing a Syrian cloak with tight sleeves.

Another narration is: This incident took place during the battle of Tabuk.

CHAPTER 118

Excellence of Qamees [789-789 of 1896]

[789] عـن أُمِّ سَـلَمَة رضي اللـه عنهـا قالـت: كَانَ أَحَبُّ الثِّيَابِ إِلَى رسـول اللـه الْقَمِيص. رواه أَبُـو داود والترمـذي، وقـال: (حَدِيـثٌ حَسَـنٌ.(قيل: وجـه أحبيـة القميـص أنـه أسـتر للأعضاء مـن الإزار، والـرداء لأنـه أقـل مؤنة، وأخف عـلى البدن، ولابسـه أكثر تواضعًـا. وروي أنه كان قميـص رسـول الله قطنًـا قصير الطـول والكمين.

789. Umm Salamah ﵂ reported: Out of all garments Messenger of Allah ﷺ liked Qamees the best. [At-Tirmidhi and Abu Dawud].

CHAPTER 119

Description of the length of Qamees and the Sleeves, the end of the Turban, the Prohibition of wearing long Garments out of Pride and the undesirability of wearing them without Pride [790-801 of 1896]

وطرف العمامة وتحريم إسبال شيء من ذلك على سبيل الخيلاء وكراهته من غير خيلاء
[790] عن أسماءَ بنتِ يزيدَ الأنصاريَّةِ رَضِيَ الله عنها، قالت: كَانَ كُمُّ قَمِيصِ رسولِ الله إلَى الرُّسْغِ. رواه أبو داود والترمذي، وقال: حَدِيثٌ حَسَنٌ. (الرسغ: مفصل الساعد والكف. قال ابن الجزري: فيه دليل أن لا يجاوز بكم القميص الرسغ. وأما غير القميص فالسنّة أن لا يجاوز رؤوس الأصابع.

790. Asma' bint Yazid ؓ reported: The Qamees sleeves of Messenger of Allah ﷺ reached down to his wrists. [Abu Dawud and At-Tirmidhi].

[791] وعن ابن عمر رضي الله عنهما: أنَّ النبي ﷺ قَالَ: «مَنْ جَرَّ ثَوْبَهُ خُيَلَاءَ لَمْ يَنْظُرِ اللهُ إِلَيْهِ يَوْمَ القِيَامَةِ» فَقَالَ أَبُو بكر: يَا رسولَ اللهِ، إنَّ إزاري يَسْتَرْخِي إلا أَنْ أَتَعَاهَدَهُ، فَقَالَ لَهُ رسولُ اللهِ: «إِنَّكَ لَسْتَ مِمَّنْ يَفْعَلُهُ خُيَلاَءَ». رواه البخاري وروى مسلم بعضه. فيه: وعيدٌ شديدٌ لمن سحب ثوبه تكبرٍ وإعجابًا بنفسه. وفيه: أن من وقع له ذلك بغير قصد لا محظور فيه، وأن الأحكام تختلف بسحب النية.

791. Ibn 'Umar ؓ reported: The Prophet ﷺ said, "Whoever allows his lower garment to drag out of vanity will find that Allah will not look at him on the Day of Resurrection." On this Abu Bakr ؓ submitted: "O Messenger of Allah! My lower garment keeps sliding down though I take care to pull it and wrap it." Messenger of Allah ﷺ said, "You are not of those who do it out of vanity." [Al-Bukhari].

[792] وعن أبي هريرة أنَّ رسولَ اللهِ قَالَ: «لَا يَنْظُرُ اللهُ يَوْمَ القِيَامَةِ إلَى مَنْ جَرَّ إِزَارَهُ

بَطَرًا». متفقٌ عَلَيْهِ. إنما ذكر الإزار، لأنهم كانوا إذ ذاك يلبسون الإزار والأردية، والوعيد الشامل لجميع أنواع الثياب.

792. Abu Hurairah reported: Messenger of Allah said, "On the Day of Resurrection, Allah will not look at him who trails his lower garment out of pride." [Al-Bukhari and Muslim].

[793] وعنه عن النبي قَالَ: «مَا أَسْفَلَ مِنَ الكَعْبَيْنِ مِنَ الإِزَارِ فَفِي النَّارِ» رواه البخاري. قال الخطابي: يريد أن الموضع الذي يناله الإزار من أسفل الكعبين في النار، فكنى بالثوب عن لابسه. ومعناه: أن ما دون الكعب من القدم يعذب عقوبة. ومحل الكراهة إذا لم يكن عذر من جروح في قدمه ونحوها.

793. Abu Hurairah reported: The Prophet said, "What is below the ankles of a lower garment is condemned to the Fire (Hell)." [Al-Bukhari].

[794] وعن أبي ذر عن النبي قَالَ: «ثلاثةٌ لا يُكَلِّمُهُمُ اللهُ يَوْمَ القِيَامَةِ، وَلا يَنْظُرُ إِلَيْهِمْ، وَلا يُزَكِّيهِمْ، وَلَهُمْ عَذَابٌ أَلِيمٌ» قَالَ: فقرأها رسول الله ثلاث مرار، قَالَ أَبُو ذرٍّ: خَابُوا وَخَسِرُوا! مَنْ هُمْ يَا رسول الله؟ قَالَ: «المُسْبِلُ، وَالمَنَّانُ، وَالمُنْفِقُ سِلْعَتَهُ بِالحَلِفِ الكَاذِبِ». رواه مسلم وفي رواية لَهُ: «المُسْبِلُ إِزَارَهُ». فيه: الوعيد الشديد لهؤلاء الثلاثة.

794. Abu Dharr reported: I heard the Prophet saying, "There are three to whom Allah will neither speak on the Day of Resurrection nor will look at them nor purify them (i.e., of their sins), and they will be severely tormented." When he repeated this (statement) thrice, Abu Dharr said: "They are doomed and destroyed! (But) who are they, O Messenger of Allah ?" He said, "One whose lower garment trails, one who boasts of kindness shown to another; and one who promotes sale of his business by taking false oaths." [Muslim].

[795] وعن ابن عمر رضي الله عنهما عن النبي قَالَ: «الإِسْبَالُ في الإزار، وَالقَمِيصِ، وَالعِمَامَةِ، مَنْ جَرَّ شَيْئًا خُيَلاءَ لَمْ يَنْظُرِ الله إِلَيْهِ يَوْمَ القِيَامَةِ». رواه أَبُو داود والنسائي بإسناد صحيح. فيه: أن الوعيد شامل لجميع الملبوسات.

795. Ibn 'Umar (May Allah be pleased with them) reported: The Prophet ﷺ said, "On the Day of Resurrection, Allah will not look at one who trails his lower garment, Qamees or turban arrogantly." [Abu Dawud and An-Nasa'i].

[796] وعن أبي جُرَيٍّ جابرِ بنِ سُلَيْمٍ قال: رَأَيْتُ رَجُلاً يَصْدُرُ النَّاسُ عَنْ رَأْيِهِ، لا يَقُولُ شَيْئاً إلا صَدَرُوا عَنْهُ، قُلْتُ: مَنْ هَذَا؟ قالوا: رسولُ الله. قُلْتُ: عَلَيْكَ السَّلامُ يَا رسولَ الله - مرَّتين - قَالَ: «لا تَقُلْ: عَلَيْكَ السَّلامُ، عَلَيْكَ السَّلامُ تَحِيَّةُ الْمَوْتَى، قُلْ: السَّلامُ عَلَيْكَ» قَالَ: قُلْتُ: أَنْتَ رسولُ اللهِ؟ قَالَ: «أَنَا رسولُ اللهِ الَّذِي إذَا أَصَابَكَ ضُرٌّ فَدَعَوْتَهُ كَشَفَهُ عَنْكَ، وَإِذَا أَصَابَكَ عَامُ سَنَةٍ فَدَعَوْتَهُ أَنْبَتَهَا لَكَ، وَإِذَا كُنْتَ بِأَرْضِ قَفْرٍ أَوْ فَلاةٍ فَضَلَّتْ رَاحِلَتُكَ، فَدَعَوْتَهُ رَدَّهَا عَلَيْكَ» قَالَ: قُلْتُ: اعْهَدْ إليَّ. قَالَ: «لا تَسُبَّنَّ أَحَداً» قَالَ: فَمَا سَبَبْتُ بَعْدَهُ حُرّاً، وَلا عَبْداً، وَلا بَعِيراً، وَلا شَاةً، «وَلا تَحْقِرَنَّ مِنَ المَعْرُوفِ شَيْئاً، وَأَنْ تُكَلِّمَ أَخَاكَ وَأَنْتَ مُنْبَسِطٌ إِلَيْهِ وَجْهُكَ، إِنَّ ذَلِكَ مِنَ المَعْرُوفِ، وَارْفَعْ إِزَارَكَ إِلَى نِصْفِ السَّاقِ، فَإِنْ أَبَيْتَ فَإِلَى الكَعْبَيْنِ، وَإِيَّاكَ وَإِسْبَالَ الإزَارِ فَإِنَّهَا مِنَ المَخِيلَةِ. وَإِنَّ اللهَ لا يُحِبُّ المَخِيلَةَ؛ وَإِنِ امْرُؤٌ شَتَمَكَ وَعَيَّرَكَ بِمَا يَعْلَمُ فِيكَ فَلا تُعَيِّرْهُ بِمَا تَعْلَمُ فِيهِ، فَإِنَّمَا وَبَالُ ذَلِكَ عَلَيْهِ». رواه أبُو داود والترمذي بإسناد صحيح، وقال الترمذي: (حَدِيثٌ حَسَنٌ صَحِيحٌ). في هذا الحديث: أن الإزار يكون رفعه من نصف الساق إلى الكعبين. وأن الإسبال لا يجوز لأنه من الاختيال، والكبر، والإعجاب.

796. Abu Juraiy Jabir bin Sulaim ﷺ reported: I noticed a man whose opinion was followed by every body, and no one acted contrary to what he said. I asked who he was, and I was informed that he was Messenger of Allah ﷺ. I said to him twice: "Alaikas-salam ya Rasul-Allah (may Allah render you safe)." He said, "Do not say: 'Alaikas-salamu.' This is the salutation to the dead (in Jahiliyyah times). Say, instead: 'As-salamu 'alaika (may Allah render you safe).'" I asked: "Are you Messenger of Allah?" He replied, "(Yes) I am the Messenger of Allah, Who will remove your affliction when you are in trouble and call to Him, Who will cause food to grow for you when you are famine-stricken and call to Him, and Who will restore to you your lost riding beast in the desert when you call upon Him." I said to him: "Give me instructions (to act upon)." He (ﷺ) said, "Do not abuse anyone." (Since then I have never abused anyone, neither a freeman, nor a slave, nor a camel, nor a sheep). He ﷺ continued, "Do not hold in contempt even an

insignificant act of goodness, because even talking to your brother with a cheerful countenance is an act of goodness. Hold up your lower garment half way to the leg, and at least above the ankles; for trailing it is arrogance, and Allah dislikes pride. And if a man imputes to you of bad things he knows you possess, do not impute to him bad things that you know he has for he will assume the evil consequences of his abuse." [Abu Dawud and At-Tirmidhi].

[797] وعن أَبِي هريرة قال: بينما رَجُلٌ يُصَلِّي مسبلٌ إزَارَهُ، قَالَ لَهُ رسول الله: «اذْهَبْ فَتَوَضَّأ» فَذَهَبَ فَتَوَضَّأَ، ثُمَّ جَاءَ، فَقَالَ: «اذْهَبْ فَتَوَضَّأ» فَقَالَ لَهُ رجُلٌ: يَا رسولَ اللهِ، مَا لَكَ أمَرْتَهُ أنْ يَتَوَضَّأَ ثُمَّ سَكَتَّ عَنْهُ؟ قَالَ: «إنَّهُ كَانَ يُصَلِّي وَهُوَ مُسْبِلٌ إزارَهُ، وَإنَّ اللهَ لا يَقْبَلُ صَلاَةَ رَجُلٍ مُسْبِلٍ». رواه أَبُو داود بإسناد صحيح عَلَى شرط مسلم. يقال: إنما أمره بإعادة الوضوء ليكون مكفرًا لذنبه كما ورد أن الطهور مكفر للذنوب ولم يأمره بإعادة الصلاة لأنها صحيحة، وإن لم تقبل.

797. Abu Hurairah ﷺ reported: Messenger of Allah ﷺ said to a man who was performing Salat while his lower garment was trailing, "Go and perform your Wudu' again." That man went and came back having performed it. The Messenger of Allah ﷺ said (again), "Go and perform your Wudu'." Someone present said to Messenger of Allah ﷺ: "O Messenger of Allah! You ask him to perform his Wudu' and then you kept silent (without saying the reason for it)." He ﷺ said, "He performed Salat while his lower garment was below his ankels. Allah does not accept the Salat of a man who trails his lower garment." [Abu Dawud].

[798] وعن قيس بن بشر التَّغْلِبيِّ، قَالَ: أخْبَرَنِي أَبِي - وكان جَلِيساً لأَبِي الدرداء - قَالَ: كَانَ بِدمَشْق رَجُلٌ مِنْ أصْحَابِ النَّبيِّ يقال لَهُ سهل بن الْحَنْظَلِيَّةِ، وَكَانَ رَجُلاً مُتَوَحِّداً قَلَّمَا يُجَالِسُ النَّاسَ، إنَّمَا هُوَ صَلاَةٌ، فإذا فَرَغَ فَإنَّمَا هُوَ تَسْبِيحٌ وَتَكْبِيرٌ حَتَّى يَأتِي أهْلَهُ، فَمَرَّ بنا وَنَحْنُ عِنْدَ أَبِي الدَّرداء، فَقَالَ لَهُ أَبُو الدرداءِ: كَلِمَةً تَنْفَعُنَا وَلا تَضُرُّكَ. قَالَ: بَعَثَ رسول الله سَرِيَّةً فَقَدِمَتْ، فَجَاءَ رَجُلٌ مِنْهُمْ فَجَلَسَ فِي المَجْلِسِ الَّذِي يَجْلِسُ فِيهِ رسول الله فَقَالَ لِرَجُلٍ إِلَى جَنْبِهِ: لَوْ رَأيْتَنَا حِيْنَ التَقَيْنَا نَحْنُ وَالعَدُوُّ، فَحَمَلَ فُلانٌ وَطَعَنَ، فَقَالَ: خُذْهَا مِنِّي، وَأنَا الغُلاَمُ الغِفَارِيُّ، كَيْفَ تَرَى فِي قَوْلِهِ؟ قَالَ: مَا أرَاهُ إلا قَدْ بَطَلَ أجْرُهُ. فَسَمِعَ بِذلِكَ آخَرُ، فَقَالَ: مَا أرَى بِذلِكَ بَأساً، فَتَنَازَعَا حَتَّى سَمِعَ رسول الله فقال: «سُبْحَانَ اللهِ؟ لا بَأسَ أنْ يُؤجَرَ وَيُحْمَدَ» فَرَأَيْتُ أَبَا الدَّرْدَاء سُرَّ بِذلِكَ، وَجَعَلَ يَرْفَعُ رَأسَهُ إِلَيْهِ،

وَيَقُولُ: أَنْتَ سَمِعْتَ ذَلِكَ مِنْ رَسُولِ اللهِ؟ فيقول: نَعَمْ، فما زال يُعِيدُ عَلَيْهِ حَتَّى إِنِّي لَأَقُولُ لَيَبْرُكَنَّ عَلَى رُكْبَتَيْهِ، قَالَ: فَمَرَّ بِنَا يَوْماً آخَرَ، فَقَالَ لَهُ أَبُو الدَّرْداء: كَلِمَةً تَنْفَعُنَا وَلا تَضُرُّكَ، قَالَ: قَالَ لنا رسول الله: «المُنْفِقُ عَلَى الخَيْلِ، كَالبَاسِطِ يَدَهُ بالصَّدَقَةِ لا يَقْبِضُهَا»، ثُمَّ مَرَّ بِنَا يوماً آخَرَ، فَقَالَ لَهُ أَبُو الدَّرْداء: كَلِمَةً تَنْفَعنَا وَلا تَضُرُّكَ، قَالَ: قَالَ رسول الله: «نِعْمَ الرَّجُلُ خُرَيمٌ الأَسَدِيُّ! لولا طُولُ جُمَّتِهِ وَإِسْبَالُ إزارِهِ!» فَبَلَغَ ذَلِكَ خُرَيْماً فَعَجِلَ، فَأَخَذَ شَفْرَةً فَقَطَعَ بِهَا جُمَّتَهُ إِلَى أُذُنَيْهِ، وَرَفَعَ إزارَهُ إِلَى أَنْصَافِ سَاقَيْهِ. ثُمَّ مَرَّ بِنَا يَوْماً آخَرَ فَقَالَ لَهُ أَبُو الدَّرْداء: كَلِمَةً تَنْفَعُنَا وَلا تَضُرُّكَ، قَالَ: سَمِعْتُ رسول الله يقول: «إِنَّكُمْ قَادِمُونَ عَلَى إخوانِكُمْ، فَأَصْلِحُوا رِحَالَكُمْ، وَأَصْلِحُوا لِبَاسَكُمْ حَتَّى تكُونُوا كَأَنَّكُمْ شَامَةٌ فِي النَّاسِ؛ فَإِنَّ الله لا يُحِبُّ الفُحْشَ وَلا التَّفَحُّشَ». رواه أبُو داود بإسنادٍ حسنٍ، إلا قيس بن بشر فاختلفوا في توثِيقِهِ وَتَضْعِيفِهِ، وَقَدْ روى لَهُ مسلم. في هذا الحديث: أن إطالة الجمة والإسبال تدافع المدح وتمانع الرفعة الدينية لأن ذلك منهيٌّ عنه على سبيل الحرمة تارةً، والكراهة أخرى. وفيه: جواز قول الإنسان في الحرب: أنا ابن فلان إذا كان شجاعًا ليرهب عدوه، وأنه لا مانع من حصول الحمد والأجر. وفيه: طلب العلم والاستزادة منه. وأن المرء في مقام التعلم إلى اللحد. وفيه: طلب حسن الهيئة وجمال الزي والاحتراز من ألم المذمة، وطلب راحة الإخوان، واستجلاب قلوبهم ليأنس بهم فلا يستقذروه ولا يستثقلوه.

798. Qais bin Bishr At-Taghlibi reported that his father, who attended the company of 'Abud-Darda' ﷺ told him: There was a man in Damascus who was a Companion of the Messenger of Allah ﷺ. He was called Ibn Al-Hanzaliyyah. He was a lonesome person and would rarely spend some time in the company of people. He would spend most of his time in performing Salat and when he finished, he would engage himself in Tasbih (Subhan-Allah) and Takbir (Allahu Akbar), till he would go home. He passed by us one day when we were sitting with Abud-Darda' ﷺ. The latter said to him: "Tell us something which will benefit for us and will not harm you." He said: "Messenger of Allah ﷺ sent a detachment. When they returned, one of them came to the assemblage in which Messenger of Allah ﷺ was present and said to his neighbour during the conversation: 'I wish you had seen us when we encountered the enemy. So-and-so (a believer) took up his spear, struck and said: Take this from me and I am the Ghifari boy. Now what do you think of this?' The neighbour said: 'I think that he lost his reward because of boasting.' He said: 'I see no harm in it.' They began to exchange arguments till Messenger of Allah ﷺ heard

them and said, 'Subhan-Allah (Allah is free from every imperfection). He would be rewarded (in the Hereafter) and praised (in this world)'. I noticed that Abud-Darda' ؓ felt a great pleasure at this remark and, raising his head began to repeat: "Have you heard Messenger of Allah ﷺ say this!" Ibn Al-Hanzaliyyah ؓ continued responding till I asked Abud-Darda' ؓ not to annoy him.

Ibn Al-Hanzaliyyah ؓ happened to pass by us another day and Abud-Darda' said to him: "Tell us something which will benefit us and will not harm you." He said: "The Messenger of Allah ﷺ told us, 'He who spends to purchase a horse (for Jihad) is like one who extends his hand for spending out of charity without withholding it.'"

He passed by us another day and Abud-Darda' ؓ said to him: "Tell us something which might benefit us, and will not harm you." He said: "The Messenger of Allah ﷺ once said, 'Khuraim Al-Usaidi is an excellent man were it not of his long hair and his lower garment which is hanging down.' When Khuraim heard about what the Prophet had said about him, he trimmed his long hair up to his ears with a knife and raised his lower garment half way on his shanks."

On another occasion he passed by us and Abud-Darda' ؓ said to him: "Tell us something that will benefit us and will not harm you." He said that he heard Messenger of Allah ﷺ say, while coming back from an expedition: "You are returning to your brothers, so set your saddles and clothes in order so that you look tidy and graceful. Allah hates untidiness." [Abu Dawud].

[799] وعـن أبي سعيد الخدريِّ قال: قَالَ رسولُ الله: «إِزْرَةُ المُسْلِمِ إِلَى نِصْفِ السَّاقِ، وَلا حَرَجَ - أَوْ لا جُنَاحَ - فِيمَا بَيْنَهُ وَبَيْنَ الكَعْبَيْنِ، فمَا كَانَ أَسْفَلَ مِنَ الكَعْبَيْنِ فَهُوَ في النَّارِ، وَمَنْ جَرَّ إِزَارَهُ بَطَراً لَمْ يَنْظُرِ اللهُ إِلَيْهِ». رواه أبُو داود بإسْنادٍ صحيحٍ. قوله: «إزرة المسلم إلى نصف الساق»، وعند ابن ماجة: «إزرة المؤمن»، أي: الهيئة المستحبة في اتزار المؤمن إلى نصف الساق، لأن ذلك أطهر لبعده عـن احتمال وصول النجس، وأطيب لبعـده عـن الكبر وقربـه مـن التواضع، ولا كراهة في إرخائه إلى ما فـوق الكعبين، ويحرم إرخـاء الثيـاب تحت الكعبين.

799. Abu Sa'id Al-Khudri ؓ reported: Messenger of Allah ﷺ said,

"The lower garment of a believer should be half way below the knees. He is guilty of no sin if they are up to the ankles. That which is below the ankles is in the Fire (of Hell). Allah will not look at one who allows his lower garment to trail out of vanity. [Abu Dawud].

[800] وعـن ابـن عمـر رضي الله عنهـما قَـالَ: مـررتُ عَـلَى رسـول الله وفي إزَارِي اسـترخاءٌ، فَقَالَ: «يَـا عَبْـدَ اللهِ ارْفَـعْ إِزَارَكَ» فَرَفَعْتُـهُ ثُـمَّ قَـالَ: «زِدْ» فَـزِدْتُ، فَمَا زِلْـتُ أَتَحَرَّاهَا بَعْـدُ. فَقَـالَ بَعْـضُ القَـوْم: إلَى أيْـنَ؟ فَقَـالَ: إلَى أنْصَافِ السَّـاقَيْنِ. رواه مسلم. فيه مزيد اعتناء ابن عمـر بالسـنة، وملازمته للاتباع.

800. Ibn 'Umar (May Allah be pleased with them) reported: My lower garment was trailing as I passed by Messenger of Allah ﷺ so he said, "Raise your lower garment, Abdullah." I lifted it up and he told me to raise it higher. I complied with his orders and as I was still trying to find the best place (for it), one of the people asked where it should reach and he ﷺ replied, "Half way down the knees." [Muslim].

[801] وعنه قَالَ: قَالَ رسُولُ اللهِ: «مَنْ جَرَّ ثَوْبَـهُ خُيَلاءَ لَـمْ يَنْظُـرِ اللهُ إِلَيْهِ يَـوْمَ القِيَامَةِ» فَقَالَـتْ أُمُّ سَلَمَـةَ: فَكَيْـفَ تَصْنَـعُ النِّسَـاءُ بذُيُولِهِنَّ؟ قَـالَ: «يُرْخِينَ شِـبْرًا» قالت: إِذًا تَنْكَشِـفُ أقْدَامُهُـنَّ. قَـالَ: «فَيرخِينَـهُ ذِرَاعـاً لا يَـزِدْنَ». رواه أَبُـو داود والترمـذي، وقال: (حَدِيثٌ حَسَـنٌ صَحِيحٌ). في هـذا الحديث: الإذن للنسـاء في إطالـة أذيالهن مـن القمص، والأزر والخمـر وغيرها بحيث يسـلبن قـدر ذراع مـن أذيالهن إلى الأرض لتكون أقدامهـن مسـتورة. وفيـه: النهـي عـن الزيـادة على الـذراع.

801. Ibn 'Umar (May Allah be pleased with them) reported: Messenger of Allah ﷺ said, "On the Day of Resurrection, Allah will not look at the one who trails his lower garment out of arrogance." Umm Salamah ؓ asked: "What should women do with the hem of their clothes?" He ﷺ said, "They might lower them a hand's span." She said: "But their feet would still remain exposed." He said, "Let them lower those equal to arm's length but not more than that." [Abu Dawud and At-Tirmidhi].

CHAPTER 120

Excellence of giving up Elegant Clothes for Humility
[802-802 of 1896]

قَدْ سَبَقَ فِي بَابِ فَضْلِ الجُوعِ وَخشُونَةِ العَيْشِ جُمَلٌ تَتَعَلَّقُ بهـذا الباب. منها حديث أبي هريرة: رأيت سبعين مـن أهـل الصفـة مـا منهـم مـن رجـل عليـه رداء، إمـا إزار، وإمـا كسـاء، قـد ربطـوا فـي أعناقهـم، منهـا مـا يبلـغ نصف الساقين، ومنها مـا يبلغ الكعبين. ومنها حديـث عائشة: كان فراش رسول الله مـن أدم حشـوه ليف. وحديـث أبي أمامة مرفوعًا: «البـذاذة مـن الإيمان»، وهـي رثاثـة الهيئة، وتـرك فاخر اللبـاس. [802] وعن معـاذ بن أنـس أنَّ رسول الله قَالَ: «مَنْ تَـرَكَ اللِّبَاسَ تَوَاضُعاً لله، وَهُوَ يَقْدِرُ عَلَيْـهِ، دَعَاهُ اللهُ يَـوْمَ القِيَامَةِ عَلَى رُؤوسِ الخَلَائِـقِ حَتَّى يُخَيِّرَهُ مِـنْ أَيِّ حُلَـلِ الإيمَانِ شَـاءَ يَلْبَسُـهَا». رواه الترمـذي، وقال: (حَديـثٌ حَسَـنٌ). فـي هـذا الحديـث: فضيلـة من ترك الفاخر مـن اللباس تواضعًا وثوابه؛ لأنَّ مـن تـرك شـيئًا لله عوضه الله خيـرًا منـه، ومن تواضـع لله رفعـه في الدنيا والآخرة.

802. Mu'adh bin Anas ﷺ reported: Messenger of Allah ﷺ said, "Whoever gives up wearing elegant and expensive garments out of humbleness, when he can do so, Allah will call him on the Day of Resurrection and before all the creations, He will give him the choice to wear whichever garment of Iman he would like to wear." [At-Tirmidhi].

CHAPTER 121
Excellence of Adopting Moderation in Dress [803-803 of 1896]

وَلا يقتصر عَلَى مَا يـزري بـهِ لغير حاجـة وَلا مقصـود شرعـي [803] عن عمرو بن شـعيب عـن أبيـه عـن جَـدِّه قـال: قَالَ رسـول الله: «إنَّ اللهَ يُحِبُّ أنْ يُـرَى أثَـرُ نِعْمَتِهِ عَـلَى عَبْدِهِ». رواه الترمذي، وقال: (حَديثٌ حَسَـنٌ). التوسـط في اللباس ممدوح، لأن الرفيع شـهرة، والداني دنـاءة، والأعـمال بالمقاصد. فـإن لبـس النفيـس تحدثًـا بنعمـة الله، والـداني للتواضـع، فهو مأجـور، وإن لبـس النفيـس تكبرًا وفخرًا، والدنيء رياءً فهو مـأزور، ويروى عن الشـاذلي أنه قـال لفقـير - كان لابـس ثـوب مرقع أنكـر عليـه لبـس نفيـس الثيـاب -: يـا هذا، ثيـابي تقول للنـاس: الحمـد لله، وثيابـك تقول لهـم: أعطوني مـن مالكم.

803. 'Amr bin Shu'aib on the authority of his father and grandfather reported: Messenger of Allah ﷺ said, "Allah loves to see the sign of His Bounties on his slave." [At-Tirmidhi].

CHAPTER 122

Prohibition of wearing Silk for men and its permissibility for Women [804-809 of 1896]

وتحريم جلوسهم عَلَيْهِ واستنادهم إِلَيْهِ وجواز لبسه للنساء [804] عن عمر بن الخَطَّابِ قال: قَالَ رسـول الله: «لا تَلْبَسُـوا الحَرِيرَ؛ فَـإِنَّ مَـنْ لَبِسَهُ في الدُّنْيَا لَـمْ يَلْبَسْهُ في الآخِرَةِ». متفقٌ عَلَيْهِ. في هذا الحديث: تحريم لبس الحريـر على الرجال، وفيـه الوعيد الشديد على من لبسه.

804. 'Umar bin Al-Khattab ؓ reported: Messenger of Allah ﷺ said, "Do not wear silk (clothes). For whoever wears (them) in this life will be deprived of them in the Hereafter." [Al-Bukhari and Muslim].

[805] وعنـه قَالَ: سَـمِعْتُ رسول الله يقول: «إِنَّمَا يَلْبَسُ الحَرِيرَ مَنْ لا خَلَاقَ لَهُ». متفقٌ عَلَيْهِ.وفي رواية للبخاري: «مَنْ لا خَلَاقَ لَهُ في الآخِرَةِ».قَوْله: «مَنْ لا خَلَاقَ لَهُ» أيْ: لا نَصِيبَ لَهُ.

805. 'Umar bin Al-Khattab ؓ reported: I heard Messenger of Allah ﷺ saying, "Silk (clothes) are worn only by him who has no share in the Hereafter." [Al-Bukhari and Muslim].

[806] وعن أنس قال: قَالَ رسول الله: «مَنْ لَبِسَ الحَرِيرَ في الدُّنْيَا لَمْ يَلْبَسْهُ في الآخِرَةِ». متفقٌ عَلَيْهِ. في هـذا الحديث: الوعيد الشـديد على من لبس الحرير.

806. Anas ؓ reported: Messenger of Allah ﷺ said, "He who wears silk clothes in this life shall not wear them in the Hereafter." [Al-Bukhari and Muslim].

[807] وعن عـلي قال: رَأيتُ رسـولَ الله أخَـذَ حَريـراً، فَجَعَلَهُ في يَمِينهِ، وَذَهَباً فَجَعَلَهُ في

شِمَالِهِ، ثُمَّ قَالَ: «إِنَّ هٰذَيْنِ حَرَامٌ عَلَى ذُكُورِ أُمَّتِي». رواه أبُو داود بإسنادٍ حسنٍ.

807. 'Ali ؓ reported: I saw Messenger of Allah ﷺ holding a piece of gold in his left hand and a silk (cloth) in his right hand. Then he said, "These two are forbidden for the males of my Ummah." [Abu Dawud].

[808] وعن أبي موسى الأشعري أنَّ رسول الله ﷺ قَالَ: «حُرِّمَ لِبَاسُ الحَرِيرِ وَالذَّهَبِ عَلَى ذُكُورِ أُمَّتِي، وَأُحِلَّ لإِنَاثِهِمْ». رواه الترمذي، وقال: (حَدِيثٌ حَسَنٌ صَحِيحٌ). في هذين الحديثين: جواز لبس الحرير والذهب للنساء.

808. Abu Musa Al-Ash'ari ؓ reported: Messenger of Allah ﷺ said, "Wearing of silk and gold has been made unlawful for males and lawful for the females of my Ummah." [At-Tirmidhi].

[809] وعن حذيفةَ قال: نَهَانَا النَّبِيُّ ﷺ أَنْ نَشْرَبَ فِي آنِيَةِ الذَّهَبِ وَالفِضَّةِ، وَأَنْ نَأْكُلَ فِيهَا، وعَنْ لُبْسِ الحَرِيرِ وَالدِّيبَاجِ، وأَنْ نَجْلِسَ عَلَيْهِ. رواه البخاري. خص الأكل والشرب بالذكر، لأنهما أغلب أنواع الاستعمال، وإلا فسائر استعمال الذهب والفضة حرام. وفيه: تحريم الجلوس على الحرير، وهو قول الجمهور.

809. Hudhaifah ؓ reported: The Prophet ﷺ prohibited us from eating or drinking in gold or silver utensils and from wearing silk and brocade, or sitting on (anything made from) them. [Al-Bukhari].

CHAPTER 123

Lawfulness to wear Silk in case one is suffering from an Itch [810-810 of 1896]

[810] عـن أنـس قـال: رَخَّصَ رسولُ الله لِلزُّبَيْرِ وعَبْدِ الرَّحْمن ابـن عَـوْفٍ رضي الله عنهما في لُبْسِ الحَريرِ لِحَكَّةٍ بِهِـما. متفـقٌ عَلَيْـهِ. في هـذا الحديث: جـواز لبس الحريـر للضرورة.

810. Anas ؓ reported: Messenger of Allah ﷺ permitted Zubair and 'Abdur-Rahman bin 'Auf (May Allah be pleased with them) to wear silk because they were suffering from an itch. [Al-Bukhari and Muslim].

CHAPTER 124

Prohibition of using the skin of the Leopard

[811-812 of 1896]

[811] عـن معاويـة قـال: قَالَ رسـول اللـه: «لا تَرْكَبُوا الخَـزَّ وَلا النِّمَارَ». حديث حسـن، رواه أَبُـو داود وغـيره بإسـناد حسـن. الخـز نوعـان: فنـوع معمـولٌ مـن الحريـر، وهو حـرام. وأما المعمـول مـن الصـوف فيحمـل النهي فيـه على التنـزيه لأجل التشـبه بالعجم.

811. Mu'awiyah ﷺ reported: Messenger of Allah ﷺ said, "Do not ride on saddles made from silk or leopard's skin." [Abu Dawud].

[812] وعـن أَبِي المليـح عـن أبيـه أنَّ رسـول اللـه نَهَـى عَـنْ جُلُـودِ السِّـبَاعِ. رواه أَبُـو داود والترمـذيُّ والنسـائيُّ بأسـانيد صِحَـاحٍ.وفي روايـة للترمذي: نَهَـى عَنْ جُلُـودِ السِّـبَاعِ أنْ تُفْتَرَشَ. فيـه: النهـي عـن اسـتعمال جلـود السـباع لمـا فيهـا مـن الخيلاء.

812. Abul-Malih on the authority of his father reported: Messenger of Allah ﷺ prohibited the use of the skins of wild animals. [Abu Dawud, At-Tirmidhi and An-Nasa'i].

Another narration in At-Tirmidhi is: Messenger of Allah ﷺ forbade the use of the skins of wild animals in making Firash (i.e., something to sit on or lie down on, such as cushions, pillows, covers, spreads, saddles, etc.).

CHAPTER 126

Excellence of Starting from the right side first while wearing a Dress (or a pair of Shoes) [813-813 of 1896]

[813] عـن أَبِي سـعيد الخـدْرِيِّ قـال: كَانَ رسـول الله إِذَا اسْـتَجَدَّ ثَوباً سَـمَّاهُ باسْـمِهِ - عِمَامَةً أَوْ قَميصـاً أَوْ رِدَاءً - يقـولُ: «اللَّهُـمَّ لَـكَ الْحَمْـدُ أَنْـتَ كَسَـوْتَنِيهِ، أَسْـأَلُكَ خَـيْرَهُ وَخَـيْرَ مَا صُنِعَ لَـهُ، وَأَعـوذُ بِـكَ مِـنْ شَرِّهِ وَشَرِّ مَا صُنِعَ لَـهُ». رواه أَبُو داود والترمذي، وقال: (حَدِيثٌ حَسَـنٌ).
في هـذا الحديـث: استحباب الدعـاء عنـد اللباس وحمـد الله تعالى.

813. Abu Sa'id Al-Khudri ﷺ reported: When Messenger of Allah ﷺ wore a new garment, he would name it. For instance, a turban or shirt or cloak and would supplicate: "Allahumma lakal-hamdu, Anta kasautanihi, as'aluka khairahu wa khaira ma suni'a lahu, wa a'udhu bika min sharrihi wa sharri ma suni'a lahu (O Allah, all the praise is for You that You have given it to me to put on. I ask You its goodness and the goodness of the purpose for which it was made, and I seek Your Protection from its evil and the evil of the purpose for which it was made)." [Abu Dawud and At-Tirmidhi].

BOOK FOUR

THE BOOK OF THE ETIQUETTE OF SLEEPING, LYING AND SITTING

CHAPTER 127

What is to be said at the time of Sleeping [814-819 of 1896]

هَذَا البَابُ قَدْ تقدم مقصوده وذكرنا الأحاديث الصحيحة فيهِ. تقدم ذلك في باب تقديم اليمين في كل ما هو من باب التكريم، ومن ذلك أن يدخل يده اليمنى في كمها قبل إدخال اليسرى، ويدخل رجله اليمنى في كل من الخف والنعل والسراويل قبل إدخال اليسرى.

(Ahadith concerning this chapter has already been narrated. See chapter 99)

والقعود والمجلس والجليس والرؤية [814] عن البَرَاءِ بن عازِب رضي الله عنهما، قَالَ: كَانَ رسولُ الله إذَا أوَى إلَى فِرَاشِهِ نَامَ عَلَى شِقِّهِ الأيْمَنِ، ثُمَّ قَالَ: «اللَّهُمَّ أسْلَمْتُ نفسي إلَيْكَ، وَوَجَّهْتُ وَجْهِي إلَيْكَ، وَفَوَّضْتُ أمْرِي إلَيْكَ، وَألْجَأْتُ ظَهْرِي إلَيْكَ، رَغْبَةً وَرَهْبَةً إلَيْكَ، لا مَلْجَأَ وَلا مَنْجا مِنْكَ إلا إلَيْكَ، آمَنْتُ بكِتَابِكَ الَّذِي أنْزَلْتَ، وَنَبِيِّكَ الَّذِي أرْسَلْتَ». رواه البخاري بهذا اللفظ في كتاب الأدب من صحيحه.

814. Al-Bara' bin 'Azib (May Allah be pleased with them) reported: Whenever Messenger of Allah ﷺ went to bed, he would lie down on his right side and recite: "Allahumma aslamtu nafsi ilaika, wa wajjahtu wajhi ilaika, wa fawwadtu amri ilaika, wa 'alja'tu zahri ilaika, raghbatan wa rahbatan ilaika, la malja'a wa la manja illa ilaika. Amantu bikitabikal-ladhi anzalta, wa nabiyyikal-ladhi arsalta [O Allah! I have submitted myself to You, I have turned my face to You, committed my affairs to You, and depend on You for protection out of desire for You and out of fear of You (expecting Your reward and fearing Your punishment). There is no refuge and no place of safety from You but with You. I believed in the Book You have revealed, and in the Prophet You have sent (i.e., Muham-

mad ﷺ).]" [Al-Bukhari].

[815] وعنه قَالَ: قَالَ لي رسول الله: «إِذَا أَتَيْتَ مَضْجَعَكَ فَتَوَضَّأْ وُضُوءَكَ لِلْصَّلَاةِ، ثُمَّ اضْطَجِعْ عَلَى شِقِّكَ الأَيْمَنِ، وَقُلْ...» وذَكَرَ نَحْوَهُ، وفيه: «وَاجْعَلْهُنَّ آخِرَ مَا تَقُولُ». متفقٌ عَلَيْهِ. في هذا الحديث: استحباب الوضوء عند النوم، واستحباب هذا الدعاء، لأنه إن مات مات على الفطرة، وإن أصبح أصاب خيراً.

815. Al-Bara' bin 'Azib (May Allah be pleased with them) reported: Messenger of Allah ﷺ directed me thus: "Whenever you go to bed, perform Wudu' as you do for Salat then (before sleeping) recite: 'O Allah! I have submitted myself to You, I have turned myself to You, committed my affairs to You and sought Your refuge for protection out of desire for You and fear of You (expecting Your reward and fearing Your punishment). There is no refuge and no place of safety from You but with You. I believe in the Book You have revealed and in the Prophet ﷺ You have sent."' Messenger of Allah ﷺ added: "If anyone recites these words and dies during the night, he will die on the true Deen, and if he remains alive till the morning, he will obtain good. And make this supplication your last words (before sleeping)." [Al-Bukhari and Muslim].

[816] وعن عائشة رضي الله عنها قالت: كَانَ النبيُّ يُصَلِّي مِنَ اللَّيْلِ إِحْدَى عَشرَةَ رَكْعَةً، فَإِذا طَلَعَ الفَجْرُ صَلَّى رَكْعَتَيْنِ خَفِيفَتَيْنِ، ثُمَّ اضْطَجَعَ عَلَى شِقِّهِ الأَيْمَنِ حَتَّى يَجِيءَ الْمُؤَذِّنُ فَيُؤْذِنَهُ. متفقٌ عَلَيْهِ. فيه: استحباب الضجعة بعد سنة الفجر لمن كان تهجد بالليل، ليقوم إلى الفرض بنشاط.

816. 'Aishah ؓ reported: The Prophet ﷺ used to offer eleven Rak'ah of optional Salat (prayers) in the latter part of night. When it was about dawn, he would offer two short Rak'ah and then would lie down on his right side till the Mu'adhdhin (one who calls for prayer) would come to inform him that the congregation had gathered (for prayer). [Al-Bukhari and Muslim].

[817] وعن حُذَيْفَةَ قال: كَانَ النَّبيُّ إِذَا أَخَذَ مَضْجَعَهُ مِنَ اللَّيْلِ وَضَعَ يَدَهُ تَحْتَ خَدِّهِ، ثُمَّ يَقُولُ: «اللَّهُمَّ بِاسْمِكَ أَمُوتُ وَأَحْيَا» وَإِذَا اسْتَيْقَظ قَالَ: «الْحَمْدُ للهِ الَّذِي أَحْيَانَا بَعْدَ

مَا أَمَاتَنَا وَإِلَيْهِ النُّشُورُ». رواه البخاري. قيل: إنما كان يختار الأيمن لأنه كان يحب التيمن في شأنه كله، ولأنه يكون أخف للنوم، ولأن النوم أخو الموت، قال الله تعالى ﴿اللَّهُ يَتَوَفَّى الْأَنفُسَ حِينَ مَوْتِهَا وَالَّتِي لَمْ تَمُتْ فِي مَنَامِهَا فَيُمْسِكُ الَّتِي قَضَى عَلَيْهَا الْمَوْتَ وَيُرْسِلُ الْأُخْرَى إِلَى أَجَلٍ مُسَمًّى إِنَّ فِي ذَٰلِكَ لَآيَاتٍ لِقَوْمٍ يَتَفَكَّرُونَ﴾ [الزمر (42)].

817. Hudhaifah ؓ reported: Whenever the Prophet ﷺ lay down for sleep at night, he would place his (right) hand under his (right) cheek and supplicate: "Bismika Allahumma amutu wa ahya [O Allah, with Your Name will I die and live (wake up)]." And when he woke up, he would supplicate: "Al-hamdu lillahil-ladhi ahyana ba'da ma amatana, wa ilaihin-nushur (All praise is due to Allah, Who has brought us back to life after He has caused us to die, and to Him is the return)." [Al-Bukhari].

[818] وعن يعيشَ بن طِخْفَةَ الغِفَارِيِّ رضي الله عنه قَالَ: قَالَ أبي: بينما أنَا مُضْطَجِعٌ في المَسجدِ عَلَى بَطْني إِذَا رَجُلٌ يُحَرِّكُنِي برجلِهِ، فَقَالَ: «إنَّ هذِهِ ضِجْعَةٌ يُبْغِضُهَا اللهُ». قَالَ: فَنَظَرْتُ فَإِذَا رسولُ الله. رواه أبُو داود بإسنادٍ صحيحٍ. في هذا الحديث: كراهية الاضطجاع على البطن.

818. Ya'ish bin Tikhfah Al-Ghifari ؓ reported: My father said: I was lying down on my belly in the mosque when someone shook me with his foot and said, "Lying down this way is disapproved by Allah." I looked up and saw that it was Messenger of Allah ﷺ. [Abu Dawud].

[819] وعن أبي هريرة عن رسول الله قَالَ: «مَنْ قَعَدَ مَقْعَداً لَمْ يَذْكُرِ الله فِيهِ، كَانَتْ عَلَيْهِ مِنَ اللهِ تِرَةٌ، وَمَنِ اضْطَجَعَ مَضْجَعاً لا يَذْكُرُ اللهَ تَعَالَى فِيهِ، كَانَتْ عَلَيْهِ مِنَ اللهِ تِرَةٌ». رواه أبُو داود بإسنادٍ حسنٍ. «التِّرَةُ»: بكسر التاء المثناة من فوق، وهيَ: النقص، وقيل: التَّبِعَةُ. في هذا الحديث: كراهية الغفلة واستحباب الذكر في كل حالة. وفي رواية أحمد والنسائي: وما مشى أحدكم ممشى لم يذكر الله فيه إلا كان عليه تِرة. قال الله تعالى ﴿إِنَّ فِي خَلْقِ السَّمَاوَاتِ وَالْأَرْضِ وَاخْتِلَافِ اللَّيْلِ وَالنَّهَارِ لَآيَاتٍ لِأُولِي الْأَلْبَابِ * الَّذِينَ يَذْكُرُونَ اللَّهَ قِيَامًا وَقُعُودًا وَعَلَىٰ جُنُوبِهِمْ وَيَتَفَكَّرُونَ فِي خَلْقِ السَّمَاوَاتِ وَالْأَرْضِ﴾ [آل عمران (190، 191)]. وقال تعالى ﴿وَاذْكُر رَّبَّكَ فِي نَفْسِكَ تَضَرُّعًا وَخِيفَةً وَدُونَ الْجَهْرِ مِنَ الْقَوْلِ بِالْغُدُوِّ وَالْآصَالِ وَلَا تَكُن مِّنَ الْغَافِلِينَ﴾ [الأعراف (205)]

819. Abu Hurairah reported: Messenger of Allah said, "Whoever sits in a place where he does not remember Allah, he will suffer loss and incur displeasure of Allah; and whoever lies down (to sleep) in a place where he does not remember Allah, he will suffer sorrow and incur displeasure of Allah." [Abu Dawud].

CHAPTER 128

Manners of Lying down on one's back and placing one leg upon the Other [820-824 of 1896]

ووضع إحدى الرِّجلين عَلَى الأخرى إذَا لم يخف انكشاف العورة وجواز القعود متربعاً ومحتبياً [820] عن عبدِ اللهِ بن زيد رضي الله عنه: أنَّه رأى رسولَ الله مُسْتَلْقِياً في الْمَسْجِدِ، وَاضِعاً إحْدَى رِجْلَيْهِ عَلَى الأُخْرَى. متفقٌ عَلَيْهِ. الاحتباء: ضم الظهر مع الساقين بثوب، أو بيد، وكان أكثر جلوسه محتبيًا. وفي الحديث: جواز الاستلقاء، ووضع إحدى الرجلين على الأخرى إذا لم يخش انكشاف العورة.

820. 'Abdullah bin Zaid (May Allah be pleased with them) reported: I saw Messenger of Allah ﷺ lying down on his back in the mosque, placing one leg on the other. [Al-Bukhari and Muslim].

[821] وعن جابر بن سَمُرَة قال: كَانَ النبيُّ إذَا صَلَّى الفَجْرَ تَرَبَّعَ في مَجْلِسِهِ حَتَّى تَطْلُعَ الشَّمْسُ حَسْنَاء. حديث صحيح، رواه أبُو داود وغيره بأسانيد صحيحة. في الحديث: جواز الجلوس متربعًا، أو استحباب الذكر بعد صلاة الفجر حتى ترتفع الشمس.

821. Jabir bin Samurah ﷺ reported: After the Fajr (dawn) prayer the Prophet ﷺ used to sit crossed legged in the same place in which he had prayed till the sun shone brightly. [Abu Dawud].

[822] وعن ابن عمر رضي الله عنهما، قَالَ: رأيتُ رسول الله بفناءِ الكَعْبَةِ مُحْتَبِياً بِيَدَيْهِ هكَذا، وَوَصَفَ بِيَدَيْهِ الاحْتِبَاءَ، وَهُوَ القُرْفُصَاءُ. رواه البخاري. القرفصاء: أن يجلس على أليته ويلصق بطنه بفخذيه، ويحتبي بيديه يضعهما على ساقيه كما يحتبي بثوب.

822. Ibn 'Umar (May Allah be pleased with them) reported: I saw Messenger of Allah ﷺ sitting in the compound of the Holy Ka'bah, with the thighs against the stomach and arms around his legs. [Al-Bukhari].

[823] وعـن قَيْلَـةَ بنْـتِ مَخْرَمَـةَ رضي اللـه عنهـا، قالـت: رأيـتُ النَّبيَّ وَهُـوَ قَاعِـدٌ القُرْفُصَاءَ، فَلَمَّا رَأَيْتُ رسـولَ اللـه المُتَخَشِّعَ في الجِلْسَـةِ أُرْعِـدْتُ مِـنَ الفَـرَقِ. رواه أَبُـو داود والترمذي. في هـذا الحديـث: اسـتحباب التخشـع في الجلوس. قيـل: إن القرفصاء أن يجلـس على ركبتيه منكبًـا، ويلصـق بطنـه بفخذيـه وبباطن كفيـه، وهي جلسـة الأعراب.

823. Qailah bint Makhramah ﷺ reported: I saw the Prophet ﷺ seated with his arms enfolding his legs; and when I saw him in such a state of humble guise I trembled with fear due to the awe (he showed in that posture). [At-Tirmidhi].

[824] وعـن الشَّرِيـدِ بن سُـوَيْدٍ قال: مَرَّ بي رسـولُ الله وَأَنَـا جَالِسٌ هكَذَا، وَقَـدْ وَضَعْتُ يَدِيَ اليُسْرَى خَلْـفَ ظَهْـرِي، وَاتَّـكَأْتُ عَـلَى أَلْيَةِ يَـدي، فَقَـالَ: «أَتَقْعُدُ قِعْـدَةَ المَغْضُوبِ عَلَيْهِمْ؟!» رواه أَبُـو داود بإسـنادٍ صحيح. في هـذا الحديـث: كراهـة هـذه الجلسـة، والمنع عن التشـبه باليهـود في هيآتهم.

824. Ash-Sharid bin Suwaid ﷺ reported: Messenger of Allah ﷺ passed by me when I was sitting with my left hand behind my back and leaning on my palm. On seeing me in this posture he said, "Do you sit like those upon whom the Wrath of Allah has descended?" [Abu Dawud].

CHAPTER 129

Etiquette of Attending company and sitting with Companions [825-837 of 1896]

[825] عن ابن عمر رضي الله عنهما، قَالَ: قَالَ رسول الله: «لا يُقِيمَنَّ أَحَدُكُمْ رَجُلاً مِنْ مَجْلِسِهِ ثُمَّ يَجْلِسُ فِيهِ، وَلَكِنْ تَوَسَّعُوا وَتَفَسَّحُوا» وَكَانَ ابْنُ عُمَرَ إِذَا قَامَ لَهُ رَجُلٌ مِنْ مَجْلِسِهِ لَمْ يَجْلِسْ فِيهِ. متفقٌ عَلَيْهِ. في هذا الحديث: النهي عن إقامة الرجل من مجلسه الذي سبق إليه وفيه: استحباب التفسح والتوسع. وفيه: مزيد وروع ابن عمر.

825. Ibn 'Umar (May Allah be pleased with them) reported: Messenger of Allah ﷺ said, "Do not ask someone to give up his seat in order to take it, but make accommodation wide and sit at ease." It was Ibn 'Umar's habit that if a person left his seat for him, he would not take it. [Al-Bukhari and Muslim].

[826] وعن أبي هريرة أنّ رسول الله قَالَ: «إِذَا قَامَ أَحَدُكُمْ مِنْ مَجْلِسٍ، ثُمَّ رَجَعَ إِلَيْهِ، فَهُوَ أَحَقُّ بِهِ». رواه مسلم فيه: أن من قام من مجلسه لعذر ثم عاد إليه فهو أحق، سواء ترك فيه متاعًا أو لا.

826. Abu Hurairah ﷺ reported: Messenger of Allah ﷺ said, "If someone leaves his seat (for one reason or another) and returns to it, he is better entitled to it." [Muslim].

[827] وعن جابر بن سَمُرَة رضي الله عنهما، قَالَ: كُنَّا إِذَا أَتَيْنَا النبي جَلَسَ أَحَدُنَا حَيْثُ يَنْتَهِي. رواه أَبُو داود والترمذي، وقال: (حَدِيثٌ حَسَنٌ). في هذا الحديث: استحباب الجلوس حيث ينتهي به المجلس، سواء كان في صدر المحل أو أسفله، كما كان يفعله.

827. Jabir bin Samurah (May Allah be pleased with them) reported: Whenever we came to the gathering of the Prophet, we would sit down at the end (of the assembly). [Abu Dawud].

[828] وعن أبي عبد الله سلْمَانَ الفارسي قال: قال رسول الله: «لا يغْتَسِلُ رَجُلٌ يَوْمَ الجُمُعَةِ وَيَتَطَهَّرُ مَا اسْتَطَاعَ مِنْ طُهْرٍ، وَيَدَّهِنُ مِنْ دُهْنِهِ، أَوْ يَمَسُّ مِنْ طِيبِ بَيْتِهِ، ثُمَّ يَخْرُجُ فَلا يُفَرِّقُ بَيْنَ اثْنَيْنِ، ثُمَّ يُصَلِّي مَا كُتِبَ لَهُ، ثُمَّ يُنْصِتُ إِذَا تَكَلَّمَ الإِمَامُ، إِلا غُفِرَ لَهُ مَا بَيْنَهُ وَبَيْنَ الجُمُعَةِ الأُخْرَى». رواه البخاري. في هذا الحديث: استحباب الغسل والطيب يوم الجمعة، وكراهة التفريق بين الاثنين. وفيه: أن من فعل ذلك وأنصت في الخطبة غُفر له.

828. Salman Al-Farisi reported: Messenger of Allah said, "If a man takes a bath on Friday, purifies himself thoroughly, uses oil and perfume which is available in the house, sets forth for the mosque, does not (forcibly) sit between two persons, offers the prayer that is prescribed for him and listens to the Imam silently, his sins between this Friday and the previous Friday will be forgiven." [Al-Bukhari].

[829] وعن عمرو بن شعيب عن أبيه عن جَدِّهِ أنَّ رسول الله قَالَ: «لا يَحِلُّ لِرَجُلٍ أنْ يُفَرِّقَ بَيْنَ اثْنَيْنِ إلا بإذْنِهِمَا». رواه أَبُو داود والترمذي، وقال: (حَدِيثٌ حَسَنٌ). وفي رواية لأبي داود: «لا يُجْلَسُ بَيْنَ رَجُلَيْنِ إلا بإذْنِهِمَا». في هذا الحديث: النهي عن الجلوس بين الاثنين بغير رضاهما.

829. 'Amr bin Shu'aib on the authority of his father and grandfather reported: Messenger of Allah said, "It is not permissible for a person to sit between two people without their permission." [At-Tirmidhi].

[830] وعن حذيفة بن اليمان أن رسول الله لعَنَ مَنْ جَلَسَ وَسَطَ الحَلْقَةِ. رواه أبو داود بإسناد حسن. وروى الترمذي عن أبي مجلز: أنَّ رَجُلاً قَعَدَ وَسَطَ حَلْقَةٍ، فَقَالَ حُذَيْفَةُ: مَلْعُونٌ عَلَى لِسَانِ مُحَمَّدٍ - أَوْ لَعَنَ اللهُ عَلَى لِسَانِ مُحَمَّدٍ - مَنْ جَلَسَ وَسَطَ الحَلْقَةِ. قَالَ الترمذي: (حَدِيثٌ حَسَنٌ صَحِيحٌ). في هذا الحديث: النهي عن الجلوس وسط الحلقة من غير حاجة كساقٍ، ومعلم ونحو ذلك.

830. Hudhaifah bin Al-Yaman reported: Whosoever takes seat in the midst of an assembly has been cursed by Messenger of Allah The Messenger of Allah curses the one who sits in the middle of people's circle. [Abu Dawud].

[831] وعـن أبي سـعيدٍ الخـدريِّ قـال: سَـمِعْتُ رسولَ الله يقول: «خَيْرُ المَجَالِسِ أوْسَعُهَا».
رواه أبُو داود بإسـنادٍ صحيـحٍ عَلَى شرط البخاري. في هذا الحديث: استحباب سعة المجلس
لما فيه مـن راحة الجالسين.

831. Abu Sa'id Al-Khudri reported: I heard Messenger of Allah saying "The best assemblies are those in which people make room for one another." [Abu Dawud].

[832] وعن أبي هريرة قـال: قَالَ رسول الله: «مَـنْ جَلَـسَ في مَجْلِسٍ، فَكَثُرَ فِيهِ لَغَطُهُ فَقَالَ قبلَ أن يَقُومَ مِنْ مَجْلِسِهِ ذَلِكَ: سُبْحَانَكَ اللَّهُمَّ وَبِحَمْدِكَ، أَشْهَدُ أَنْ لا إِلَهَ إِلا أَنْتَ، أَسْتَغْفِرُكَ وَأَتُوبُ إِلَيْكَ، إلا غُفِرَ لَهُ مَا كَانَ فِي مَجْلِسِهِ ذَلِكَ». رواه الترمذي، وقال: (حَدِيثٌ حَسَنٌ صَحِيحٌ). اللغط: الكلام الـذي فيه جلبـة واختـلاط، وإنما ترتب عـلى هذا الذكر مغفـرة مـا كسـب في ذلك المجلس لما فيه من تنـزيه الله سبحانه والثناء عليه بإحسانه والشهادة بتوحيده، ثم سـؤال المغفرة منه وهو الـذي لا يخيب سائلاً صادقًا.

832. Abu Hurairah reported: Messenger of Allah said, "Whoever sits in a gathering and indulges in useless talk and before getting up supplicates: 'Subhanaka Allahumma wa bihamdika, ashhadu an la ilaha illa Anta, astaghfiruka wa atubu ilaika (O Allah, You are free from every imperfection; praise be to You. I testify that there is no true god except You; I ask Your Pardon and turn to You in repentance),' he will be forgiven for (the sins he may have intentionally or unintentionally committed) in that assembly." [At-Tirmidhi].

[834] وعـن ابن عمر رضي الله عنهما قَالَ: قَلَّمـا كَانَ رسول الله يَقُـومُ مِنْ مَجْلِسٍ حَتَّى يَدْعُـوَ بِهـؤلاء الدَّعَـواتِ: «اللَّهُمَّ اقْسِـمْ لَنَـا مِـنْ خَشْيَتِكَ مَا تَحُولُ بِهِ بَيْنَنَا وَبَيْنَ مَعَاصِيكَ، وَمِـنْ طَاعَتِـكَ مَا تُبَلِّغُنَـا بِـهِ جَنَّتَكَ، وَمِـنَ الْيَقِينِ مَا تُهَوِّنُ بِهِ عَلَيْنَا مَصَائِبَ الدُّنْيَا، اللَّهُمَّ مَتِّعْنَـا بِأَسْمَاعِنـا، وَأَبْصَارِنَـا، وقُوَّتِنَـا مَـا أحْيَيْتَنَـا، وَاجْعَلْـهُ الـوارِثَ مِنَّـا، وَاجْعَـلْ ثَأْرَنَـا عَلَى مَنْ ظَلَمَنَـا، وَانْصُرْنَـا عَلَى مَنْ عَادَانَـا، وَلا تَجْعَـلْ مُصِيبَتَنَـا فِي دِينِنَا، وَلا تَجْعَلِ الدُّنْيَا أَكْبَرَ هَمِّنَا، وَلا مَبْلَغَ عِلْمِنَـا، وَلا تُسَلِّـطْ عَلَيْنَـا مَنْ لا يَرْحَمُنَا». رواه الترمذي، وقال: (حَدِيـثٌ حَسَـنٌ). الخشـية: هـي الخـوف مـع معرفـة جـلال المخشي منـه، ولذا اختصت بالعلماء بالله تعالى قال جل وعلا: ﴿إِنَّمَا يَخْشَى اللَّهَ مِنْ عِبَادِهِ الْعُلَمَاءُ﴾ [فاطر (28)]، وهذا الدعاء جامع لخيري الدنيا والآخرة.

834. Ibn 'Umar (May Allah be pleased with them) reported: Messenger of Allah ﷺ seldom left a gathering without supplicating in these terms: "Allahumma-qsim lana min khashyatika ma tahulu bihi bainana wa baina ma'sika, wa min ta'atika ma tuballighuna bihi jannataka, wa minal-yaqini ma tuhawwinu 'alaina masa-'ibad-dunya. Allahumma matti'na biasma'ina, wa absarina, wa quwwatina ma ahyaitana, waj'alhul-waritha minna, waj'al tharana 'ala man zalamana, wansurna 'ala man 'adana, wa la taj'al musibatana fi dinina, wa la taj'alid-dunya akbara hammina, wa la mablagha 'ilmina, wa la tusallit 'alaina man-la yarhamuna, (O Allah, apportion to us such fear as should serve as a barrier between us and acts of disobedience; and such obedience as will take us to Your Jannah; and such as will make easy for us to bear in the calamities of this world. O Allah! let us enjoy our hearing, our sight and our power as long as You keep us alive and make our heirs from our own offspring, and make our revenge restricted to those who oppress us, and support us against those who are hostile to us let no misfortune afflict our Deen; let not worldly affairs be our principal concern, or the ultimate limit of our knowledge, and let not those rule over us who do not show mercy to us)." [At-Tirmidhi].

[835] وعـن أبي هريـرة قال: قَالَ رسول الله: «مَا مِنْ قَوْمٍ يَقُومُونَ مِنْ مَجْلِسٍ لا يَذْكُرُونَ اللهَ تَعَالَى فِيهِ، إلا قَامُوا عَـنْ مِثْلِ جِيفَةِ حِمَارٍ، وَكَانَ لَهُمْ حَسْرَةً». رواه أَبُو داود بإسنادٍ صحيح. وذكر جيفة الحـمار زيـادة في التنفير، وإيمـاء إلى أن تـارك الذكر بمثابة الحمار المضروب بـه المثل في البلادة، إذ غفل بما هو فيه مـن الترهات، ولذائذ المحـاورات عن ذكر رب الأرض والسـماوات.

835. Abu Hurairah ؓ reported: Messenger of Allah ﷺ said, "Those people who leave a gathering in which they have not remembered Allah, will conclude it as if it has foul odour similar to that of a rotten carcass of a donkey. And it will be a cause of grief to them." [Abu Dawud].

[836] وعنه عـن النبي قَـالَ: «مَا جَلَسَ قَوْمٌ مَجْلِسـاً لَمْ يَذْكُرُوا اللهَ تَعَالَى فِيهِ، وَلَمْ يُصَلُّوا

عَلَى نَبِيِّهِمْ فِيهِ، إلا كَانَ عَلَيْهِمْ تِرَةٌ؛ فَإِنْ شَاءَ عَذَّبَهُمْ، وَإِنْ شَاءَ غَفَرَ لَهُمْ». رواه الترمذي، وقال: (حَدِيثٌ حَسَنٌ).

836. Abu Hurairah reported: The Prophet said, "Whenever a group of people sit in a gathering in which they do not remember Allah the Exalted, nor supplicate to elevate the rank of their Prophet, such a gathering will be a cause of grief to them. If Allah wills, He will punish them, and if He wills He will forgive them." [At-Tirmidhi].

[837] وعنه عن رسول الله قَالَ: «مَنْ قَعَدَ مَقْعَداً لَمْ يَذْكُرِ الله تَعَالَى فِيهِ كَانَتْ عَلَيْهِ مِنَ اللهِ تِرَةٌ، وَمَنْ اضْطَجَعَ مَضْجَعاً لا يَذْكُرُ الله تَعَالَى فِيهِ كَانَتْ عَلَيْهِ مِنَ اللهِ تِرَةٌ». رواه أبو داود. وَقَدْ سبق قريباً، وشَرَحْنَا (التِّرَة) فِيهِ. الـتِرَة: النقص، وقيل التَّبِعَة. وفي الحديث: ذم الغفلة عن الذكر، واستحبابه في كل حال من الأحوال.

837. Abu Hurairah reported: Messenger of Allah said, "If anyone sits in a gathering where he does not remember Allah, he will bring grief upon himself (on the Day of Resurrection), and he who lies down in a place where he does not remember Allah, will bring grief upon himself (on the Day of Resurrection)." [Abu Dawud].

CHAPTER 130

Visions in Dream and matters relating to them
[838-844 of 1896]

قَـالَ اللـه تَعَـالَى: ﴿وَمِـنْ آيَاتِـهِ مَنَامُكُـمْ بِاللَّيْـلِ وَالنَّهَـارِ﴾ [الـروم (23)]. يقـول تعـالى: ومن آياتـه الدالـة عـلى توحيـده وقدرتـه منامكـم بالليـل والنهـار، وذلـك لمـا فيـه مـن إذهـاب الشـعور والإدراك حتـى يصـير النائـم كالميـت ثـم يسـتيقظ منـه فيعـود لـه إدراكه وشـعوره كـما كان قبلـه، والرؤيـا لا تكـون إلا في النـوم.

Allah, the Exalted, says:

"And among His Signs is your sleep by night and by day." (30:23)

[838] وعـن أَبي هريـرة قال: سَـمِعْتُ رسـول اللـه يقول: «لَمْ يَبْـقَ مِنَ النُّبـوَّةِ إلا المُبَشِّرَاتِ». قالـوا: وَمَـا المُبَـشِّرَاتُ؟ قَالَ: «الرُّؤْيَـا الصَّالِحَةُ». رواه البخاري. معنـاه: أن الوحي انقطع بموته فلـم يبق منـه إلا الرؤيا الصالحـة، أي: الصادقة.

838. Abu Hurairah ﷺ reported: Messenger of Allah ﷺ said, "All that is left from Prophethood is the glad tidings." He was asked what the glad tidings were, and he said, "The good dream." [Al-Bukhari].

[839] وعنـه: أنَّ النبـي قَـالَ: «إِذَا اقْـتَرَبَ الزَّمَـانُ لَمْ تَكَدْ رُؤيَـا المُؤْمِنِ تَكْـذِبُ، وَرُؤْيَا الْمُؤْمِنِ جُـزْءٌ مِـنْ سِـتَّةٍ وَأَرْبَعِينَ جُزْءاً مِـنَ النُّبُوَّةِ». متفقٌ عَلَيْـهِ.وفي رواية: «أَصْدَقُكُـمْ رُؤْيَا، أَصْدَقُكُمْ حَدِيثـاً». قولـه: «إذا اقـترب الزمـان»، أي: قربـت القيامـة. قـال ابـن أبي جمـرة: أن المؤمـن حينئـذٍ يكـون غريبًـا فيقـل أنيسـة، فيكرم بالرؤيـا الصادقة. وقـال السـيوطي: لأن أكثر العلم ينقـص حينئـذٍ، وتَنْـدَرِسَ معـالم الديانـة فيكـون النـاس على مثـل الغـرة محتاجـين إلى مُذَكِّر ومُجَـدِّد لمـا دَرَسَ مـن الديـن كـما كانـت الأمـم تُذَكَّـرُ بالأنبياء.

839. Abu Hurairah ﷺ reported: The Prophet ﷺ said, "When the

time draws near (i.e., near the end of the world), the dream of a believer can hardly be false; and the dream of a believer represents one part from forty-six parts of Prophethood." [Al-Bukhari and Muslim].

One narration says: Messenger of Allah ﷺ said, "The most truthful of you in their speech are those who see the truest visions."

[840] وعنه قَالَ: قَالَ رسول الله: «مَنْ رَآنِي في المَنَامِ فَسَيَرَانِي في اليَقَظَةِ - أَوْ كَأَنَّمَا رَآنِي في اليَقَظَةِ - لا يَتَمَثَّلُ الشَّيْطَانُ بِي». متفقٌ عَلَيْهِ. في هذا الحديث: بشارة لمن رأى النبي في الرؤيا أنه يراه يوم القيامة. وفيه: أن الشيطان لا يتمثل في صورته.

840. Abu Hurairah ﷺ reported: Messenger of Allah ﷺ said, "He who sees me in his dream will see me in his wakefulness (or he ﷺ may have said it is as though he has seen me in a state of wakefulness), for Satan does not appear in my form." [Al-Bukhari and Muslim].

[841] وعن أبي سعيدٍ الخدريِّ أنَّه سَمِعَ النبيَّ يقول: «إِذَا رَأَى أَحَدُكُمْ رُؤْيَا يُحِبُّهَا، فَإِنَّمَا هِيَ مِنَ اللهِ تَعَالَى، فَلْيَحْمَدِ اللهَ عَلَيْهَا، وَلْيُحَدِّثْ بِهَا - وفي رواية: فَلا يُحَدِّثْ بِهَا إِلا مَنْ يُحِبُّ - وَإِذَا رَأَى غَيْرَ ذَلِكَ مِمَّا يَكْرَهُ، فَإِنَّمَا هِيَ مِنَ الشَّيْطَانِ، فَلْيَسْتَعِذْ مِنْ شَرِّهَا، وَلا يَذْكُرْهَا لأَحَدٍ؛ فَإِنَّهَا لا تَضُرُّهُ». متفقٌ عَلَيْهِ. في هذا الحديث: طلب الحمد عند حدوث النعم، وتجدد المنن فذلك سبب لدوامها. وفيه: أنه لا يخبر بالرؤيا الحسنة إلا من يحب، لأن العدو ربما يحملها على بعض ما تحتمله، لأنها لأول عابر. وفي رواية الترمذي: «ولا تحدث بها إلا لبيبًا، أو حبيبًا، وإذا رأى الرؤيا القبيحة فلا يفسرها، ولا يخبر بها أحدًا».

841. Abu Sa'id Al-Khudri ﷺ reported: I heard the Prophet ﷺ saying, "When one of you sees a dream that he likes, then it is from Allah. He should praise Allah for it and relate it to (others)."

Another narration adds: Messenger of Allah ﷺ said, "He should not report it except to those whom he loves. And if he sees one which he dislikes, then it is from the Satan. He should seek refuge in Allah against its evil and should not mention it to anyone. Then it will not harm him." [Al-Bukhari and Muslim].

[842] وعن أبي قَتَادَةَ قال: قَالَ النبيُّ: «الرُّؤْيَا الصَّالِحَةُ - وفي رواية: الرُّؤْيَا الحَسَنَةُ - مِنَ اللهِ، وَالحُلُمُ مِنَ الشَّيْطَانِ، فَمَنْ رَأَى شَيْئاً يَكْرَهُهُ فَلْيَنْفُثْ عَنْ شِمَالِهِ ثلاَثاً، وَلْيَتَعَوَّذْ مِنَ الشَّيْطَانِ؛ فإنَّها لا تَضُرُّهُ».متفقٌ عَلَيْهِ. «النَّفْثُ»: نَفْخٌ لَطيفٌ لا ريقَ مَعَهُ. قال القاضي عياض: أمر بالنفث طردًا للشيطان الذي حضر الرؤيا المكروهة تحقيرًا له، واستقذارًا، وخص بها اليسار لأنها محل الأقذار.

842. Abu Qatadah ؓ reported: The Prophet ﷺ said, "A good vision (dream) is from Allah and a bad dream is from the Satan. He who sees something in a dream that he dislikes, should blow thrice on his left, must seek Allah's Refuge from the evil of the Satan (i.e., by saying: A'udhu billahi minash-Shaitanir-Rajim). Then it will not harm him." [Al-Bukhari and Muslim].

[843] وعن جابر عن رسول الله ﷺ قَالَ: «إِذَا رَأَى أَحَدُكُمْ الرُّؤْيَا يَكْرَهُهَا، فَلْيَبْصُقْ عَنْ يَسَارِهِ ثلاَثاً، وَلْيَسْتَعِذْ بِاللهِ مِنَ الشَّيْطَانِ ثلاَثاً، وَلْيَتَحَوَّلْ عَنْ جَنْبِهِ الَّذِي كَانَ عَلَيْهِ». رواه مسلم. التحول: تفاؤل يتحول الحال من الرؤيا القبيحة إلى الرؤيا الحسنة. وجاء من حديث أبي هريرة مرفوعًا: «إذا رأى أحدكم ما يكره فليقم فليصلِّ، ولا يحدث به الناس». متفق عليه.

843. Jabir ؓ reported: Messenger of Allah ﷺ said, "When one of you sees a bad dream let him blow three times on his left, seek refuge in Allah from the Satan three times (i.e., by saying: A'udhu billahi minash-Shaitanir-Rajim) and change the side on which he was lying." [Muslim].

[844] وعن أبي الأسقع واثلةَ بن الأسقع قال: قَالَ رسولُ الله ﷺ: «إِنَّ مِنْ أَعْظَمِ الفِرَى أَنْ يَدَّعِيَ الرَّجُلُ إِلَى غَيْرِ أَبِيهِ، أَوْ يُرِي عَيْنَهُ مَا لَمْ تَرَ، أَوْ يَقُولَ عَلَى رسول اللهِ مَا لَمْ يَقُلْ» رواه البخاري. في هذا الحديث: أن هذه الخصال الثلاث من أعظم الكذب لأن المنتسب إلى غير أبيه يدعي أن الله خلقه من ماء فلان، والكذب في الرؤيا كذب على الله، لأنها جزء من النبوة، وعن ابن عباس مرفوعًا: «من تحلم بحلم لم يره كلف أن يعقد بين شعيرتين ولن يفعل». والكذب على الرسول كذب في الدين. وفي الحديث الصحيح عن النبي: «من كذب علي متعمدًا فليتبوأ مقعده من النار».

844. Wathilah bin Al-Asqa' ؓ reported: Messenger of Allah ﷺ said, "Of the worst lies are: to claim a false father, or to pretend

to have seen what one has not seen (tell a false dream), or to attribute to the Messenger of Allah ﷺ what he has not said." [Al-Bukhari].

BOOK FIVE
THE BOOK OF GREETINGS

CHAPTER 131

Excellence of Promoting Greetings [845-850 of 1896]

قَالَ اللهُ تَعَالَى: ﴿يَا أَيُّهَا الَّذِينَ آمَنُوا لَا تَدْخُلُوا بُيُوتًا غَيْرَ بُيُوتِكُمْ حَتَّى تَسْتَأْنِسُوا وَتُسَلِّمُوا عَلَى أَهْلِهَا﴾ [النور (27)]. يأمر تعالى عباده المؤمنين أن لا يدخلوا بيوت غيرهم حتى يستأذنوا ويسلموا. وقال أبو موسى الأشعري وحذيفة: يستأذن على ذوات المحارم، ومثله، عن الحسن فإن كانوا في دار واحدة يتنحنح، ويتحرك أدنى حركة. وقال تَعَالَى: ﴿فَإِذَا دَخَلْتُمْ بُيُوتًا فَسَلِّمُوا عَلَى أَنفُسِكُمْ تَحِيَّةً مِنْ عِندِ اللَّهِ مُبَارَكَةً طَيِّبَةً﴾ [النور (61)]. قال مجاهد: إذا دخلت المسجد فقل: السلام على رسول الله، وإذا دخلت على أهلك فسلم عليهم، وإذا دخلت بيتًا ليس فيه أحد فقل: السلام علينا وعلى عباد الله الصالحين. قال قتادة: وحُدِّثنا أنَّ الملائكة ترد عليه. وقال ابن عباس في قوله تعالى: ﴿تَحِيَّةً مِّنْ عِندِ اللَّهِ مُبَارَكَةً طَيِّبَةً﴾، قال: حسنة جميلة. وقال تَعَالَى: ﴿وَإِذَا حُيِّيتُم بِتَحِيَّةٍ فَحَيُّوا بِأَحْسَنَ مِنْهَا أَوْ رُدُّوهَا﴾ [النساء (86)]. الرد واجب، والزيادة سُنَّة، فإذا قال مثلاً: السلام عليكم، قال: وعليكم السلام ورحمة الله. وقال تَعَالَى: ﴿هَلْ أَتَاكَ حَدِيثُ ضَيْفِ إِبْرَاهِيمَ الْمُكْرَمِينَ * إِذْ دَخَلُوا عَلَيْهِ فَقَالُوا سَلَامًا﴾ [الذاريات (24، 25)]. ﴿هَلْ أَتَاكَ﴾، فيه: تعظيم لشأن الحديث، وتنبيه على أنه إنما عرفه بالوحي. وقوله تعالى: ﴿فَقَالُوا سَلَامًا﴾، أي: نسلم عَلَيْكُمْ سَلَامًا. قال: ﴿سَلَامٌ﴾، أي: عليكم سلام.

Allah, the Exalted, says:

> "O you who believe! Enter not houses other than your own, until you have asked permission and greeted those in them." (24:27)

> "But when you enter the houses, greet one another with a greeting from Allah (i.e., say: As-Salamu 'alaikum - peace be on you), blessed and good." (24:61)

> "When you are greeted with a greeting, greet in return with what is better than it, or (at least) return it equally." (4:86)

"Has the story reached you, of the honoured guests [three angels; Jibril (Gabriel) along with another two] of Ibrahim (Abraham)? When they came in to him, and said, 'Salam (peace be upon you)!' He answered: 'Salam (peace be upon you).'" (51:24,25)

[845] وعـن عبـد اللـه بـن عمرو بـن العـاص رضي الله عنهما: أنَّ رجلاً سـأل رسـول الله: أيُّ الإسْـلاَمِ خَـيْرٌ؟ قَـالَ: «تُطْعِـمُ الطَّعَـامَ، وَتَقْرَأُ السَّـلاَمَ عَـلَى مَنْ عَرَفْـتَ وَمَنْ لَمْ تَعْـرِفْ». متفقٌ عَلَيْـهِ. إطعـام الطعـام مـن خـير خصال الإسـلام لما فيـه من دفـع الحاجة عن الفقـير، وجلب المحبـة، والتآلـف، وكذلـك إفشـاء السـلام لمـا فيـه مـن التآلف وجلـب المحبـة أيضًـا والإبعاد عـن الكبر.

845. Abdullah bin 'Amr bin Al-'as (May Allah be pleased with them) reported: A man asked the Messenger of Allah ﷺ: "Which act in Islam is the best?" He ﷺ replied, "To give food, and to greet everyone, whether you know or you do not." [Al-Bukhari and Muslim].

[846] وعـن أَبي هريـرة عـن النبـي قَـالَ: «لَمَّا خَلَقَ اللـهُ آدَمَ قَالَ: اذْهَبْ فَسَـلِّمْ عَـلَى أُولئِكَ - نَفَـرٍ مِـنَ المَلاَئِكَـةِ جُلُـوس - فَاسْـتَمِعْ مَا يُحَيُّونَـكَ؛ فَإنَّهَا تَحِيَّتُـكَ وَتَحِيَّةُ ذُرِّيتِـكَ من بعدك. فَقَـالَ: السَّـلاَمُ عَلَيْكُـمْ، فقالـوا: السَّـلاَمُ عَلَيْـكَ وَرَحْمَـةُ اللـهِ، فَـزَادُوهُ: وَرَحْمَـةُ اللهِ».متفـقٌ عَلَيْـهِ. قولـه: فقالـوا: السـلام عليـك ورحمـة اللـه. في رواية: وعليك السـلام ورحمـة الله. وفي الحديـث: مشروعيـة الزيـادة في الـرد عـلى الابتداء.

846. Abu Hurairah ﷺ reported: The Prophet ﷺ said, "When Allah created Adam ﷺ, He said to him: 'Go and greet that company of angels who are sitting there - and then listen to what they are going to say in reply to your greetings because that will be your greeting and your off-spring's.' Adam ﷺ said to the angels: 'As-Salamu 'Alaikum (may you be safe from evil).' They replied: 'As-Salamu 'Alaikum wa Rahmatullah (may you be safe from evil, and Mercy of Allah be upon you).' Thus adding in reply to him: 'wa Rahmatullah (and Mercy of Allah)' to his greeting." [Al-Bukhari and Muslim].

[847] وعـن أَبي عُـمَارة الـبراءِ بـن عـازِبٍ رضي اللـه عنهـما، قَـالَ: أمرنـا رسـول اللـه بِسَـبْعٍ: بِعِيَـادَةِ المَرِيـضِ، وَاتِّبَـاعِ الجَنَائِـزِ، وَتَشْـمِيتِ العَاطِـسِ، وَنَـصْرِ الضَّعيـفِ، وَعَـوْنِ المَظْلُـومِ،

وَإفْشَاءِ السَّلَامِ، وَإبْرَارِ المُقسِمِ. متفقٌ عَلَيْهِ، هَذَا لفظ إحدى روايات البخاري. فيه: الأمر بإفشاء السلام، أي: إشاعته وإظهاره.

847. Al-Bara' bin 'Azib (May Allah be pleased with them) reported: The Messenger of Allah ﷺ commanded us to do seven things: to visit the sick, to follow the funeral (of a dead believer), to invoke the Mercy of Allah upon one who sneezes (i.e., by saying to him: Yarhamuk-Allah), to support the weak, to help the oppressed, to promote the greeting of 'As-Salamu 'Alaikum', and to help those who swear to do something to keep their oaths. [Al-Bukhari and Muslim].

[848] وعن أبي هريرة قال: قَالَ رسولُ الله: «لا تَدْخُلُوا الجَنَّةَ حَتَّى تُؤْمِنُوا، وَلَا تُؤْمِنُوا حَتَّى تَحَابُّوا، أَوَلَا أَدُلُّكُمْ عَلَى شَيْءٍ إِذَا فَعَلْتُمُوهُ تَحَابَبْتُمْ؟ أَفْشُوا السَّلَامَ بَيْنَكُمْ». رواه مسلم إشاعة السلام وإذاعته سبب للتودد ودخول الجنة.

848. Abu Hurairah ؓ reported: The Messenger of Allah ﷺ said, "By Him in Whose Hand is my life! You will not enter Jannah until you believe, and you will not believe until you love one another. Shall I inform you of something which, if you do, you will love one another? Promote greetings amongst yourselves." [Muslim].

[849] وعن أبي يوسف عبد الله بن سلام قَالَ: سَمِعْتُ رسولَ الله يقول: «يَا أَيُّهَا النَّاسُ، أَفْشُوا السَّلَامَ، وَأَطْعِمُوا الطَّعَامَ، وَصِلُوا الأَرْحَامَ، وَصَلُّوا والنَّاسُ نِيَامٌ، تَدْخُلُوا الجَنَّةَ بِسَلَامٍ». رواه الترمذي، وقال: (حَدِيثٌ حَسَنٌ صَحِيحٌ). في هذا الحديث: إنَّ هذه الخصال من أسباب دخول الجنة. قال الله تعالى: ﴿ادْخُلُوهَا بِسَلَامٍ آمِنِينَ﴾ [الحجر (46)].

849. 'Abdullah bin Salam ؓ reported: I heard the Messenger of Allah ﷺ saying, "O people, exchange greetings of peace (i.e., say: As-Salamu 'Alaikum to one another), feed people, strengthen the ties of kinship, and be in prayer when others are asleep, you will enter Jannah in peace." [At-Tirmidhi].

[850] وعن الطُّفَيْلِ بن أُبَيِّ بن كعبٍ: أنَّه كان يأتي عبدَ الله بن عمر، فيغدو مَعَهُ إلى السُّوقِ، قَالَ: فإذا غَدَوْنَا إلى السُّوقِ، لَمْ يَمُرَّ عَبْدُ الله عَلَى سَقَّاطٍ وَلَا صَاحِبِ بَيْعَةٍ، وَلَا

مِسْكِينٍ، وَلَا أَحَدٍ إِلَّا سَلَّمَ عَلَيْهِ، قَالَ الطُّفَيْلُ: فَجِئْتُ عَبْدَ اللهِ بْنَ عُمَرَ يَوْمًا، فَاسْتَتْبَعَنِي إِلَى السُّوقِ، فَقُلْتُ لَهُ: مَا تَصْنَعُ بِالسُّوقِ، وَأَنْتَ لَا تَقِفُ عَلَى البَيْعِ، وَلَا تَسْأَلُ عَنِ السِّلَعِ، وَلَا تَسُومُ بِهَا، وَلَا تَجْلِسُ فِي مَجَالِسِ السُّوقِ؟ وَأَقُولُ: اجْلِسْ بِنَا هَا هُنَا نَتَحَدَّثْ، فَقَالَ: يَا أَبَا بَطْنٍ -وَكَانَ الطُّفَيْلُ ذَا بَطْنٍ- إِنَّمَا نَغْدُو مِنْ أَجْلِ السَّلَامِ، فَنُسَلِّمُ عَلَى مَنْ لَقِينَاهُ. رواه مالك في الموطأ بإسناد صحيح. في هذا الحديث: استحباب دخول السوق لأجل إفشاء السلام ونشره، وذكر الله تعالى لكون الأسواق محل الغفلة، وقد جاء في حديث: «ذاكر الله في الغافلين بمنزلة الصابر في الفارين».

850. At-Tufail bin Ubayy bin Ka'b ؓ reported: I used to visit 'Abdullah bin 'Umar (May Allah be pleased with them) in the morning and accompany him to the market. 'Abdullah offered greetings of peace to every one he met on the way, be they sellers of petty goods, traders or poor people. One day when I came to him, he asked me to accompany him to the market. I said to him: "What is the point of your going to the market when you do not sell, nor ask about articles, nor offer a price for them, nor sit down with any company of people. Let us sit down here and talk." He replied: "O Abu Batn (belly)! (Tufail had a large belly), we go to the market to greet everyone we meet." [Malik].

CHAPTER 132

Words to be used for offering Greetings
[851-856 of 1896]

يُسْتَحَبُّ أَنْ يَقُولَ المُبْتَدِئُ بِالسَّلَامِ: السَّلَامُ عَلَيْكُمْ وَرَحْمَةُ اللهِ وَبَرَكَاتُهُ. فَيَأْتِ بِضَمِيرِ الجَمْعِ، وَإِنْ كَانَ المُسَلَّمُ عَلَيْهِ وَاحِداً. وَيَقُولُ المُجِيبُ: وَعَلَيْكُمْ السَّلَامُ وَرَحْمَةُ الله وَبَرَكَاتُهُ، فَيَأْتِي بِوَاوِ العَطْفِ فِي قَوْلِهِ: وَعَلَيْكُمْ. كمال السلام يأتي بضمير الجمع ليعم من يحضره من الملائكة، وإن أفرد الضمير جاز.

It is recommended for the one offering greetings to say: 'As-Salamu Alaikum wa Rahmatullahi wa Barakatuhu'. The reply is 'Wa 'Alaikum us-Salamu wa Rahmatullahi wa Barakatuhu.'

[851] عَنْ عِمْرَانَ بْنِ الحُصَيْنِ رَضِيَ اللهُ عَنْهُمَا، قَالَ: جَاءَ رَجُلٌ إِلَى النَّبِيِّ فَقَالَ: السَّلَامُ عَلَيْكُمْ، فَرَدَّ عَلَيْهِ ثُمَّ جَلَسَ، فَقَالَ النَّبِيُّ: «عَشْرٌ» ثُمَّ جَاءَ آخَرُ، فَقَالَ: السَّلَامُ عَلَيْكُمْ وَرَحْمَةُ اللهِ، فَرَدَّ عَلَيْهِ فَجَلَسَ، فَقَالَ: «عِشْرُونَ» ثُمَّ جَاءَ آخَرُ، فَقَالَ: السَّلَامُ عَلَيْكُمْ وَرَحْمَةُ اللهِ وَبَرَكَاتُهُ، فَرَدَّ عَلَيْهِ فَجَلَسَ، فَقَالَ: «ثَلَاثُونَ».. رواه أَبُو داود والترمذي، وقال: (حَدِيثٌ حَسَنٌ). في هذا الحديث: أن زيادة الحسنات بزيادة التحية.

851. 'Imran bin Husain (May Allah be pleased with them) reported: A man came to the Prophet ﷺ and said: "As-Salamu 'Alaikum (may you be safe from evil). Messenger of Allah ﷺ responded to his greeting and the man sat down. The Prophet ﷺ said, "Ten (meaning the man had earned the merit of ten good acts)." Another one came and said: "As-Salamu 'Alaikum wa Rahmatullah (may you be safe from evil, and Mercy of Allah be upon you)." Messenger of Allah ﷺ responded to his greeting and the man sat down. Messenger of Allah ﷺ said, "Twenty." A third one came and said: "As-Salamu 'Alaikum wa Rahmatullahi wa Barakatuhu (may you be safe from evil, and the Mercy of Allah and His Blessings

be upon you)." Messenger of Allah ﷺ responded to his greeting and the man sat down. Messenger of Allah ﷺ said, "Thirty." [Abu Dawud and At-Tirmidhi].

[852] وعـن عائشـةَ رضي اللـه عنهـا، قالـت: قَـالَ لِي رسـولُ اللـه: «هَـذَا جِبريـلُ يَقْـرَأُ عَلَيْكِ السَّـلاَمَ». قالـت: قُلْـتُ: وَعَلَيْهِ السَّـلاَمُ وَرَحْمَةُ اللهِ وَبَرَكَاتُهُ. متفـقٌ عَلَيْهِ.وهكذا وقع في بعض رواياتِ الصحيحيـن: «وَبَرَكَاتُـهُ» وفي بعضهـا بحذفِها، وزِيادةُ الثقةِ مقبولـة. في هذا الحديث: جـواز سـلام الرجـل الأجنبي على المـرأة عند أمن الريبـة، وزاد البخاري في روايتـه: أنها قالت: تـرى ما لا نـرى يَا رسـول الله.

852. 'Aishah ﷺ reported: Messenger of Allah ﷺ said to me, "This is Jibril (Gabriel) who is conveying you greetings of peace." I responded: "Wa 'Alaihis-Salamu wa Rahmatullahi wa Barakatuhu (may he be safe from evil, and the Mercy of Allah and His Blessings be upon him)." [Al-Bukhari and Muslim].

[853] وعـن أنـسٍ أنَّ النَّبـيَّ كَانَ إِذَا تكلـم بِكَلِمَـةٍ أَعَادَهَا ثَلاَثاً حَتَّى تُفهَمَ عَنْـهُ، وَإِذَا أَتَى عَلَى قَـوْمٍ فَسَـلَّمَ عَلَيْهِـمْ سـلم عَلَيْهِـمْ ثَلاَثـاً. رواه البخاري.وهـذا مَحْمُولٌ عَـلَى مَـا إِذَا كَانَ الجَمْعُ كَثِيراً. في هـذا الحديـث: كـمال حسـن خلقه ومزيد شـفقته، والاقتصار على الثـلاث في الكلام إشـعار بـأن مراتـب الفهـم كذلك: أعـلى , وأوسـط، وأدنى. ومن لا يفهم في ثـلاث لا يفهم ولو زيد عـلى ذلك.

853. Anas ﷺ reported the Prophet ﷺ used to repeat his words thrice so that the meaning thereof would be fully understood, and whenever he came upon a gathering of people, he would greet them. He would repeat Salam thrice. [Al-Bukhari].

[854] وعـن المِقْـدَادِ في حدِيثـهِ الطويـل، قَـالَ: كُنَّا نَرْفَعُ للنَّبـيِّ نَصِيبَهُ مِنَ اللَّـبَنِ، فَيَجِيءُ مِنَ اللَّيْـلِ، فَيُسَـلِّمُ تَسْـلِيماً لا يُوقِـظُ نَائِماً، وَيُسْـمِعُ اليَقْظَـانَ، فَجَاءَ النَّبِيُّ فَسَـلَّمَ كَمَا كَانَ يُسَـلِّمُ. رواه مسـلم. في هـذا الحديـث: أن المسـلِّم عـلى النيـام لا يرفع صوته بحيث يوقـظ النائم بل يجعل صوتـه بين الجهـر والإخفات.

854. Al-Miqdad ﷺ reported in course of a long Hadith: We used to reserve for the Prophet ﷺ his share of the milk, and he would come at night and offer greetings in such a manner as did not dis-

turb those asleep and was heard only by those who were awake. In fact, the Prophet ﷺ came and offered greetings as usual. [Muslim].

[855] وعن أسماء بنتِ يزيد رضي الله عنها: أنَّ رسـول اللـه مَرَّ في المَسْجِدِ يَوْماً، وَعُصْبَةٌ مِنَ النِّسَـاءِ قُعُـودٌ، فَأَلْوَى بِيَدِهِ بِالتسْـليم. رواه الترمذي، وقال: (حَدِيثٌ حَسَنٌ).وهذا محمـول عَـلَى أنَّـه جَمَعَ بَيْنَ اللَّفْظِ وَالإشَـارَةِ، وَيُؤَيِّدُهُ أنَّ في رِوَايةِ أبي داود: فَسَلَّمَ عَلَيْنَا. في هـذا الحديـث: جـواز الإشـارة بالسلام مـع التلفـظ بـه ليتنبه المسلَّم عليه.

855. Asma' bint Yazid ؓ reported: The Messenger of Allah ﷺ passed through the mosque one day and there was a group of women (about ten of them) sitting in the mosque. He raised his hand to offer greetings. [At-Tirmidhi].

[856] وعـن أبي جُرَيٍّ الهُجَيْمِيٍّ قـال: أتيـت رسـول الله فقلتُ: عَلَيْكَ السَّلَامُ يَا رسـول الله. قَـالَ: «لا تَقُـلْ عَلَيْكَ السَّـلَام؛ فإنَّ عَلَيْكَ السَّـلَامَ تَحِيَّةُ المَوْقَى». رواه أبُـو داود والترمذي، وقال: (حديث حسن صحيح)، وَقَدْ سبق لفظه بِطُولِه. في هذا الحديث: نهي المبتدئ بالسلام عـن قولـه: عليك السلام، لأن ذلك تحيَّة الموتى. وقد ورد عنه تقديم لفظ السلام عـلى المـوتى حيـن قـال: «السلام عليكم دار قـوم مؤمنين» فهو أحسـن.

856. Abu Juraiy Al-Hujaimi ؓ reported: I saw Messenger of Allah ﷺ and said: "Alaikas-Salamu ya Rasulallah! (Upon you be peace, O Messenger of Allah)!" He said, "Do not say: 'Alaikas-Salamu (Upon you be peace).' This is the Salam to the dead." [Abu Dawud and At-Tirmidhi].

CHAPTER 133

Etiquette of offering Greetings [857-857 of 1896]

[857] عن أبي هريرة أنّ رسول الله قَالَ: «يُسَلِّمُ الرَّاكِبُ عَلَى الْمَاشِي، وَالْمَاشِي عَلَى الْقَاعِدِ، وَالْقَلِيلُ عَلَى الْكَثِيرِ». متفقٌ عَلَيْهِ. وفي رواية للبخاري: «والصغيرُ عَلَى الكَبيرِ». قال المهلب: تسليم الماشي لتشبيهه بالداخل على أهل المنزل، وتسليم الراكب لئلا يتكبر بركوبه فيرجع إلى التواضع، وتسليم القليل لأجل حق الكثير لأن حقهم أعظم. قوله: «والصغير على الكبير». قال ابن بطال: وذلك لأن الصغير مأمور بتوقير الكبير والتواضع له.

857. Abu Hurairah ؓ reported: Messenger of Allah ﷺ said, 'A rider should greet a pedestrian; a pedestrian should greet one who is sitting; and a small group should greet a large group (of people)." [Al-Bukhari and Muslim].

The narration in Al-Bukhari adds: Messenger of Allah ﷺ said, "The young should greet the elderly."

CHAPTER 134

Excellence of Greeting the Acquaintance Repeatedly
[859-860 of 1896]

عَلَى مَن تكرر لقاؤه عَلَى قرب عَلَى بأن دخل ثم خرج ثُمَّ دخل في الحال، أو حال بينهما شجرة ونحوها [859] عن أبي هريرة في حديثِ المسيءِ صلاتَه: أنَّه جَاءَ فَصَلَّى، ثُمَّ جَاءَ إلَى النبي فَسَلَّمَ عَلَيْهِ، فَرَدَّ عَلَيْهِ السَّلاَمَ، فَقَالَ: «ارْجِعْ فَصَلِّ فَإِنَّكَ لَمْ تُصَلِّ» فَرَجَعَ فَصَلَّى، ثُمَّ جَاءَ فَسَلَّمَ عَلَى النبي حَتَّى فَعَلَ ذَلِكَ ثَلاَثَ مَرَّاتٍ. متفقٌ عَلَيْهِ. في هذا الحديث: دليل على استحباب إعادة السلام في مثل ذلك.

859. Abu Hurairah ؓ reported in the Hadith in respect of the person who was at fault in performing his Salat (prayer): He came to the Prophet ﷺ and greeted him. The Prophet ﷺ responded to the greeting and said, "Go back and repeat your Salat because you have not performed the Salat (properly)." He again performed Salat as he had prayed before and came to the Prophet ﷺ and greeted him. The Prophet ﷺ responded to the greetings (and repeated his words to him). This act of repeating (the Salat and the Salam) was done thrice. [Al-Bukhari and Muslim].

[860] وعنه عن رسول الله قَالَ: «إِذَا لَقِيَ أَحَدُكُمْ أَخَاهُ فَلْيُسَلِّمْ عَلَيْهِ، فَإِنْ حَالَتْ بَيْنَهُمَا شَجَرَةٌ، أَوْ جِدَارٌ، أَوْ حَجَرٌ، ثُمَّ لَقِيَهُ، فَلْيُسَلِّمْ عَلَيْهِ». رواه أَبُو داود. المراد بالحيلولة: ما يمنع الرؤية بحيث يعد فاصلاً عرفيًّا.

860. Abu Hurairah ؓ reported: Messenger of Allah ﷺ said, "When one of you meets a brother (in Faith) he should greet him. Then if a tree or a wall or a stone intervenes between them and then he meets him again, he should greet him." [Abu Dawud].

CHAPTER 135

Excellence of Greeting at the time of entry into the House [861-861 of 1896]

قَالَ اللهُ تَعَالَى: ﴿فَإِذَا دَخَلْتُمْ بُيُوتاً فَسَلِّمُوا عَلَى أَنْفُسِكُمْ تَحِيَّةً مِنْ عِنْدِ اللهِ مُبَارَكَةً طَيِّبَةً﴾ [النور(61)]. هذه الآية عامة في جميع البيوت، فإذا دخل بيتًا فيه أهله فليسلّم عليهم. وإذا دخل بيته فليسلّم على أهله. وإذا دخل بيتًا خاليًا فليقل: السلام علينا وعلى عباد الله الصالحين.

Allah, the Exalted, says:

> "But when you enter the houses, greet one another with a greeting from Allah (i.e., say: As-Salamu 'Alaikum - may you be safe from evil), blessed and good." (24:61)

[861] وعن أنسٍ قال: قَالَ لِي رسولُ الله: «يَا بُنَيَّ، إِذَا دَخَلْتَ عَلَى أَهْلِكَ، فَسَلِّمْ، يَكُنْ بَرَكَةً عَلَيْكَ، وعلى أَهْلِ بَيْتِكَ». رواه الترمذي، وقال: (حَدِيثٌ حَسَنٌ صَحِيحٌ). فيه: الأمر بالسلام إذا دخل بيته لتناله بركة التحية.

861. Anas bin Malik ؓ reported: Messenger of Allah ﷺ said to me, "Dear son, when you enter your house, say As-Salamu 'Alaikum to your family, for it will be a blessing both to you and to your family." [At-Tirmidhi].

CHAPTER 136
Greeting the Children [862-862 of 1896]

[862] عـن أنـس أنَّـهُ مَرَّ عَـلَى صِبيَـانٍ، فَسَـلَّمَ عَلَيْهِمْ، وقـال: كَانَ رسـول الله يَفْعَلُـهُ. متفقٌ عَلَيْهِ. فيـه: اسـتحباب السـلام عـلى الصبيـان وتدريبهـم على تعلم السـنن، وتأديبهـم بآداب الشريعـة. وفيه: حسـن خلقـه وتواضعه.

862. Anas reported that he passed by some children and greeted them. Then he said: "Messenger of Allah used to do the same." [Al-Bukhari and Muslim].

CHAPTER 137

Greeting one's Wife and other Women
[864-865 of 1896]

والمرأة من محارمه وعلى أجنبية وأجنبيات لا يخاف الفتنة بهن وسلامهن بهذا الشرط
[864] وعن أم هَانِئٍ فاخِتَةَ بنتِ أَبِي طالبٍ رضي الله عنها، قالت: أتيتُ النبيَّ يَوْمَ الفَتْحِ وَهُوَ يَغْتَسِلُ، وَفَاطِمَةُ تَسْتُرُهُ بِثَوْبٍ، فَسَلَّمْتُ... وَذَكَرَتِ الحديث. رواه مسلم. وجه الدليل من هذا الحديث تقريره إذ لو حرم سلام الأجنبية مطلقًا لبينه لها فإذا أمنت الفتنة فلا كراهة في السلام منها وعليها.

864. Umm Hani ؓ, the daughter of Abu Talib reported: I went to the Prophet ﷺ on the day of the conquest of Makkah. He was taking a bath and Fatimah was screening him with a cloth. I greeted him. And she mentioned the rest of the Hadith. [Muslim].

[865] وعن أسماءَ بنتِ يزيدَ رضي الله عنها، قالت: مَرَّ عَلَيْنَا النَّبيُّ فِي نِسْوَةٍ فَسَلَّمَ عَلَيْنَا. رواه أَبُو داود والترمذي، وقال: (حديث حسن)، وهذا لفظ أبي داود. ولفظ الترمذي: أنَّ رسول الله مَرَّ فِي المَسْجِدِ يَوْمًا، وَعُصْبَةٌ مِنَ النِّسَاءِ قُعُودٌ، فَأَلْوَى بِيَدِهِ بِالتَّسْلِيمِ. فيه: جواز التسليم على الأجنبيات إذا أمنت الفتنة بهن أو منهن.

865. Asma bint Yazid ؓ reported: The Prophet ﷺ passed by us when we were with a party of women, and he greeted us. [Abu Dawud].

CHAPTER 138

Greeting the non-Muslims and Prohibition of taking an Initiative [866-868 of 1896]

وكيفية الرد عليهم واستحباب السلام عَلَى أهل مجلسٍ فيهم مسلمون وكفار [866] وعن أبي هريرة أنَّ رسول الله قَالَ: «لا تَبْدَأُوا اليَهُودَ وَلا النَّصَارَى بالسَّلامِ، فَإِذَا لَقِيتُمْ أَحَدَهُمْ في طَرِيقٍ فَاضْطَرُّوهُ إِلَى أَضْيَقِهِ». رواه مسلم. في هذا الحديث: النهي عن ابتداء الكافر بالسلام، وهو قول الجمهور قطعًا للتواد، وجوز بعض العلماء ابتداءهم به لضرورة وحاجة وسبب.

866. Abu Hurairah reported: The Messenger of Allah said, "Do not greet the Jews and the Christians before they greet you; and when you meet any one of them on the road, force him to go to the narrowest part of it." [Muslim].

[867] وعن أنسٍ قال: قَالَ رسول الله: «إِذَا سَلَّمَ عَلَيْكُمْ أَهْلُ الكِتَابِ فَقُولُوا: وَعَلَيْكُمْ». متفق عَلَيْهِ. قال النووي: اتفق العلماء على الرد على أهل الكتب إذا سلموا. لكن لا يقال: وعليكم السلام. بل يقال: عليكم، أو: وعليكم. انتهى. ووجه هذا الحديث: ما جاء في حديث آخر: «أن اليهود إذا سلموا عليكم يقول أحدهم: السام عليكم، فقولوا: وعليكم». رَوَاهُ مُسْلِمٌ. والسام: الموت.

867. Anas reported: Messenger of Allah said, "When the people of the Book greet you (i.e., by saying 'As-Samu 'Alaikum,' meaning death be upon you), you should respond with: 'Wa 'alaikum' [The same on you (i.e., and death will be upon you, for no one will escape death)]." [Al-Bukhari and Muslim].

[868] وعن أُسَامَةَ أَنَّ النَّبِيَّ مَرَّ عَلَى مَجْلِسٍ فِيهِ أَخْلاطٌ مِنَ المُسْلِمِينَ وَالمُشْرِكِينَ - عَبَدَةِ الأَوْثَانِ - وَاليَهُودِ فَسَلَّمَ عَلَيْهِم النَّبِيُّ. متفقٌ عَلَيْهِ. في هذا الحديث: مشروعية السلام على المجلس الذي فيه مسلمون وكفار.

868. Usamah bin Zaid reported: The Prophet passed by a mixed company of people which included Muslims, polytheists and Jews, and he gave them the greeting (i.e., saying As-Salamu 'Alaikum). [Al-Bukhari and Muslim].

CHAPTER 139

Excellence of Greeting on Arrival and Departure
[869-869 of 1896]

وفـارق جلسـاءه أَوْ جليسـه [869] وعـن أَبي هريرة قال: قَالَ رسـول اللـه: «إِذَا انْتَهى أَحَدُكُمْ إِلَى المَجْلِسِ فَلْيُسَـلِّمْ، فَإِذَا أَرَادَ أنْ يَقُومَ فَلْيُسَـلِّمْ، فَلَيْسَـتِ الأُولَى بِأَحَقّ مِنَ الآخِرَةِ». رواه أَبُو داود والترمـذي، وقـال: (حَدِيـثٌ حَسَـنٌ). فيـه: مشروعية السـلام عند دخـول المجلس، وعند القيـام منـه. قـال الطيبـي: قيـل: كـما أن التسـليمة الأولى إخبار عن سـلاماتهم مـن شره عند الحضـور، فكـذا الثانيـة إخبار عن سـلامتهم من شره عنـد الغيبة.

869. Abu Hurairah ﵁ reported: Messenger of Allah ﷺ said, "When one of you arrives in a gathering, he should offer Salam to those who are already there, and he should also do so when he intends to depart. The first act of greeting is not more meritorious than the last." [Abu Dawud].

CHAPTER 140

Seeking Permission to enter (somebody's House) and Manners relating to it [870-873 of 1896]

قَالَ الله تَعَالَى: ﴿يَا أَيُّهَا الَّذِينَ آمَنُوا لَا تَدْخُلُوا بُيُوتاً غَيْرَ بُيُوتِكُمْ حَتَّى تَسْتَأْنِسُوا وَتُسَلِّمُوا عَلَى أَهْلِهَا﴾ [النور (27)]. الاستئذان: طلب الأذن في الدخول على من بالمنزل. وقال تَعَالَى: ﴿وَإِذَا بَلَغَ الْأَطْفَالُ مِنْكُمُ الْحُلُمَ فَلْيَسْتَأْذِنُوا كَمَا اسْتَأْذَنَ الَّذِينَ مِنْ قَبْلِهِمْ﴾ [النور (59)]. لما رخص تعالى للمماليك والصبيان أن يدخلوا بغير استئذان إلا في ثلاثة أوقات، أمر الأطفال إذا بلغوا أن يستأذنوا في كل وقت.

Allah, the Exalted, says:

> "O you who believe! Enter not houses other than your own, until you have asked permission and greeted those in them." (24:27)

> "And when the children among you come to puberty, then let them (also) ask for permission, as those senior to them (in age)." (24:59)

[870] وعن أبي موسى الأشعري قال: قَالَ رسول الله: «الاسْتِئْذَانُ ثَلَاثٌ، فَإِنْ أُذِنَ لَكَ وَإِلَّا فَارْجِعْ». متفقٌ عَلَيْهِ. فيه: الأمر بالانصراف بعد الثلاث قيل: إن الأولى للتنبيه والثانية للتعريف والثالثة ليأذن به ويتركه ومن لم ينتبه عند الثالثة لا ينتبه غالبًا.

870. Abu Musa Al-Ash'ari reported: The Messenger of Allah said, "Permission is to be sought thrice. If it is accorded, you may enter; otherwise, go back." [Al-Bukhari and Muslim].

[871] وعن سهل بن سعدٍ قال: قَالَ رسول الله: «إِنَّمَا جُعِلَ الاسْتِئْذَانُ مِنْ أَجْلِ البَصَرِ». متفقٌ عَلَيْهِ. فيه: أنه لا يجوز للمستأذن أن ينظر من خلل الباب إلى البيت.

871. Sahl bin Sa'd ﷺ reported: The Messenger of Allah ﷺ said, "Seeking permission to enter (somebody's house) has been prescribed in order to restrain the eyes (from looking at something we are not supposed to look at)." [Al-Bukhari and Muslim].

[872] وعن رِبْعِيٍّ بن حِرَاشٍ، قَالَ: حَدَّثَنَا رَجُلٌ مِنْ بَنِي عَامِرٍ أَنَّهُ اسْتَأْذَنَ عَلَى النَّبيِّ وَهُوَ في بيتٍ، فَقَالَ: أألِج؟ فَقَالَ رسول الله لِخَادِمِهِ: «أُخْرُجْ إلَى هَذَا فَعَلِّمهُ الاسْتِئذَانَ، فَقُلْ لَهُ: قُلِ: السَّلاَمُ عَلَيْكُمْ، أأدْخُل؟» فَسَمِعَهُ الرَّجُلُ، فَقَالَ: السَّلامُ عَلَيْكُمْ، أأَدْخُل؟ فَأذِنَ لَهُ النَّبيُّ فدخلَ. رواه أَبُو داود بإسناد صحيح. قوله: (أأدخل) بهمزتين. قال الشارح: وظاهره أن المتكلم مخير بين تحقيق الهمزة، وإبدال الثانية ألفًا وتسهيليها. قلت: وتجوز بهمزةٍ واحدةٍ.

872. Rib'i bin Hirash ﷺ reported: A man of Banu 'Amir tribe has told us that he had asked the Prophet ﷺ for permission to enter when he was at home. He said: "May I enter?" Messenger of Allah ﷺ said to the servant, "Go out and instruct him about the manner of seeking permission. Tell him to say: As-Salamu 'Alaikum (may you be safe from evil). May I come in?" The man heard this and said: "As-Salamu 'Alaikum (may you be safe from evil). May I come in?" The Prophet ﷺ then accorded permission to him and he entered in. [Abu Dawud].

[873] عن كِلْدَةَ بن الحَنْبل قال: أتَيْتُ النبي فَدَخَلْتُ عَلَيْهِ وَلَمْ أُسَلِّمْ، فَقَالَ النَّبيُّ: «ارْجِعْ فَقُلْ: السَّلاَمُ عَلَيْكُمْ، أأَدْخُل؟». رواه أَبُو داود والترمذي، وقال: (حَدِيثٌ حَسَنٌ). فيه: الأمر بالمعروف واستدراك السنن، وعدم التساهل فيها.

873. Kildah bin Al-Hanbal ﷺ reported: I visited the Prophet ﷺ and I entered his house without seeking permission. So he said, "Go back and say: 'As-Salamu 'alaikum (may you be safe from evil). May I come in?'" [Abu Dawud and At-Tirmidhi].

CHAPTER 141

Seeking Permission to enter by telling one's Name
[874-877 of 1896]

أن يقول: فلان، فيسمي نفسه بما يعرف به من اسم أو كنية وكراهة قوله: «أنا» ونحوها
[874] عن أنس في حديثه المشهور في الإسراء، قَالَ: قَالَ رسول الله: «ثُمَّ صَعَدَ بِي جِبْرِيلُ إِلَى السَّمَاءِ الدُّنْيَا فَاسْتَفْتَحَ، فقيل: مَنْ هذا؟ قَالَ: جِبْرِيلُ، قيل: وَمَنْ مَعَكَ؟ قَالَ: مُحَمَّدٌ، ثُمَّ صَعَدَ إِلَى السَّمَاءِ الثَّانِيَةِ وَالثَّالِثَةِ وَالرَّابِعَةِ وَسَائِرِهِنَّ وَيُقَالُ فِي بَابِ كُلِّ سَمَاءٍ: مَنْ هَذَا؟ فَيَقُولُ: جِبْرِيلُ». متفقٌ عَلَيْهِ. في هذا الحديث: أن المستأذن يسمي نفسه باسمه المعروف، إذا قيل: من هذا؟

874. Anas 🙵 reported in the course of his famous Hadith pertaining to Al-Isra' (the Ascension) that Messenger of Allah 🙵 said, "Then Jibril (Gabriel) ascended along with me to the nearest heaven and requested for the gate to be opened. He was asked: 'Who is there?' He replied: 'Jibril.' He was asked: 'Who is with you?' He said: 'Muhammad.' Then he ascended to the second heaven and requested for the opening of the gate. He was asked: 'Who is there?' He said: 'Jibril.' He was asked: 'Who is with you?' He replied: 'Muhammad.' In the same way he ascended to the third, fourth and all the heavens (i.e., until the seventh). At all of the gates he was asked: 'Who is there?' He replied: Jibril.'" [Al-Bukhari and Muslim]

[875] وعن أبي ذر قَالَ: خَرَجْتُ لَيْلَةً مِنَ اللَّيَالِي فَإِذَا رسول الله يَمْشِي وَحْدَهُ، فَجَعَلْتُ أَمْشِي فِي ظِلِّ القَمَرِ، فَالْتَفَتَ فَرَآنِي، فَقَالَ: «مَنْ هَذَا؟» فقلتُ: أَبُو ذَرٍّ. متفقٌ عَلَيْهِ. أجاب أبو ذر بما اشتهر به من كنيته، لأنه بها أعرف منها باسمه.

875. Abu Dharr 🙵 reported: I stepped out one night and saw Messenger of Allah 🙵 walking by himself. I began to walk in the

moonlit night. He turned round and saw me and asked, "Who is there?" I replied: "Abu Dharr." [Al-Bukhari and Muslim].

[876] وعن أُمِّ هانئ رضي الله عنها، قالت: أتيتُ النَّبيَّ وَهُوَ يَغْتَسِلُ وَفَاطِمَةُ تَسْتُرُهُ، فَقَالَ: «مَنْ هذِهِ؟» فقلتُ: أنا أُمُّ هَانِئٍ. متفقٌ عَلَيْهِ. أجابت أم هانيء بكنيتها لشهرتها بذلك. ووجه الدلالة من الحديثين تقريره على ذلك.

876. Umm Hani ﷺ reported: I went to the Prophet ﷺ who was taking a bath while Fatimah was screening him. He asked, "Who is there?" I replied: "I am Umm Hani." [Al-Bukhari and Muslim].

[877] وعن جابر قال: أتَيْتُ النبيَّ فَدَقَقْتُ البَابَ، فَقَالَ: «مَنْ ذَا؟» فَقُلتُ: أنَا، فَقَالَ: «أنَا، أنَا!» كَأنَّهُ كَرِهَهَا. متفقٌ عَلَيْهِ. في هذا الحديث: أن دق الباب بقوم مقام الاستئذان. وفيه: كراهة قول المستأذن: أنا، ومثله: إنسان، أو شخص أو صديق لعدم حصول غرض السائل بذلك.

877. Jabir ﷺ reported: I went to the Prophet ﷺ and knocked at the door (to seek permission). He asked, "Who is there?" I said: "I". He repeated, " I, I?!" as if he disliked it. [Al-Bukhari and Muslim].

CHAPTER 142

Saying 'Al-Hamdulillah' on Sneezing, its reply and Manners relating to Sneezing and Yawning
[878-884 of 1896]

وكراهة تشميته إذا لَمْ يحمد الله تَعَالَى وبيان آداب التشميت والعطاس والتثاؤب التشميت، بالشين المعجمة وبالسين المهملة، فمعنى شمته: دعا له أن يجمع شمله. والتسميت بالمهملة: التبريك، يقال: سمته: إذا دعا له بالبركة. وقال أبو بكر ابن العربي: تكلم أهل اللغة في اشتقاق اللفظين، ولم يبينوا المعنى فيه، وهو بديع. وذلك أنَّ العاطس ينحل كل عضو في رأسه، وما يتصل به من العنق ونحوه، فكأنه إذا قيل له يرحمك الله، كان معناه: أعطاك رحمةً يرجع بها بدنك إلى حاله قبل العطاس، ويقيم على حاله من غير تغيير، فإن كان التسمية بالمهملة فمعناه رجع كل عضو إلى سمته الذي كان عليه، وإن كان بالمعجمة فمعناه: صان الله شوامته، أي: قوائمه التي بها قوام بدنه عن خروجها عن الاعتدال. [878] عن أبي هريرة أنَّ النبي قَالَ: «إنَّ الله يُحِبُّ العُطَاسَ، وَيَكْرَهُ التَّثَاؤُبَ، فَإِذا عَطَسَ أَحَدُكُمْ وَحَمِدَ الله تَعَالَى كَانَ حَقاً عَلَى كُلِّ مُسْلِمٍ سَمِعَهُ أَنْ يَقُولَ لَهُ: يَرْحَمُكَ اللهُ، وَأَمَّا التَّثَاؤُبُ فَإِنَّمَا هُوَ مِنَ الشَّيْطَانِ، فَإِذَا تَثَاءَبَ أَحَدُكُمْ فَلْيَرُدَّهُ مَا اسْتَطَاعَ، فَإِنَّ أَحَدَكُمْ إِذَا تَثَاءَبَ ضَحِكَ مِنْهُ الشَّيْطَانُ». رواه البخاري. العطاس: يكون عن خفة البدن، وانفتاح المسام، وعدم الغاية في الشبع، فيستدعي النشاط للعبادة، والتثاؤب يكون عن غلبة البدن، وثقله مما يكون ناشئًا عن كثرة الأكل والتخليط فيه، فيستدعي الكسل. قال الحليمي: الحكمة في مشروعية الحمد للعاطس أن العطاس يدفع الأذى عن الدماغ الذي فيه قوة الفكرة، ومنه منشأ الأعصاب التي هي معدن الحس فناسب أن تقابل هذه النعمة بالحمد لله. قال الحافظ ابن حجر: ولا أصل لما اعتاده كثير من الناس من استكمال قراءة الفاتحة بعد قوله: الحمد لله رب العالمين.

878. Abu Hurairah ؓ reported: The Prophet ﷺ said, "Allah likes sneezing and dislikes yawning. When any one of you sneezes and says 'Al-hamdu lillah (praise be to Allah)', it becomes obligatory upon every Muslim who hears him to respond with 'Yarhamuk-Allah (may Allah have mercy on you)'. Yawning is from the devil. When one of you feels like yawning, he should restrain it as much as possible, for the devil laughs when one of you yawns." [Al-Bukhari].

[879] وعنه عن النبي ﷺ قال: «إِذَا عَطَسَ أَحَدُكُمْ فَلْيَقُلْ: الحَمْدُ لِلَّهِ، وَلْيَقُلْ لَهُ أَخُوهُ أَوْ صَاحِبُهُ: يَرْحَمُكَ اللهُ. فَإِذَا قَالَ لَهُ: يَرْحَمُكَ اللهُ، فَلْيَقُلْ: يَهْدِيكُمُ اللهُ وَيُصْلِحُ بَالَكُمْ». رواه البخاري. قيل: الحكمة في إفراد الدعاء للعاطس وجمعه للمجيب، أن الرحمة مدعو بها للعاطس وحده مما أصابه مما تنحل به أعصابه ويضر سمتها لولا الرحمة من الله، وأما الهداية فمدعو بها لجميع المؤمنين، ومنهم المخاطب.

879. Abu Hurairah ؓ reported: The Prophet ﷺ said, "When one of you sneezes he should say: 'Al-hamdu lillah (praise be to Allah),' and his brother or his companion should say to him: 'Yarhamuk-Allah (may Allah have mercy on you).' When he says this he should reply: 'Yahdikum-ullah wa yuslihu balakum (may Allah guide you and render sound your state of affairs)."' [Al-Bukhari].

[880] وعن أبي موسى قال: سَمِعْتُ رسول الله يقول: «إِذَا عَطَسَ أَحَدُكُمْ فَحَمِدَ اللهَ فَشَمِّتُوهُ، فَإِنْ لَمْ يَحْمَدِ اللهَ فَلَا تُشَمِّتُوهُ». رواه مسلم. في هذا الحديث: أن العاطس إذا لم يحمد الله لا يشمت.

880. Abu Musa ؓ reported: The Messenger of Allah ﷺ said, "When one of you sneezes and praises Allah (i.e., says Al-hamdu lillah), you should invoke Allah's Mercy upon him (i.e., say Yarhamuk-Allah); but if he does not praise Allah, you should not make a response." [Muslim].

[881] وعن أنس قال: عَطَسَ رَجُلَانِ عِنْدَ النبي فَشَمَّتَ أَحَدَهُمَا وَلَمْ يُشَمِّتِ الآخَرَ، فَقَالَ الَّذِي لَمْ يُشَمِّتْهُ: عَطَسَ فُلَانٌ فَشَمَّتَّهُ، وَعَطَسْتُ فَلَمْ تُشَمِّتْنِي؟ فَقَالَ: «هَذَا حَمِدَ اللهَ، وَإِنَّكَ لَمْ تَحْمَدِ اللهَ». متفقٌ عَلَيْهِ. في هذا الحديث: إكرام من فعل طاعة، وترك من تركها، وحكي عن الأوزاعي أنه عطس رجل بحضرته فلم يحمد الله فقال له الأوزاعي، كيف تقول إذا عطست؟ فقال: أقول الحمد لله. فقال له: يرحمك الله.

81. Anas ؓ reported: When two men sneezed in the presence of the Prophet ﷺ, he responded to one with "Yarhamuk-Allah (may Allah have mercy on you)" and did not respond to the other. The latter said to him: "You invoked a blessing on this man but did not do so in my case." The Prophet ﷺ replied, "He praised Allah (i.e., he said 'Al-hamdu lillah') but you did not." [Al-Bukhari and Muslim].

[882] وعن أبي هريرة قال: كَانَ رسول الله إذا عَطَسَ وَضَعَ يَدَهُ أَوْ ثَوْبَهُ عَلَى فِيهِ، وَخَفَضَ - أَوْ غَضَّ - بِهَا صَوْتَهُ. شك الراوي. رواه أَبُو داود والترمذي، وقال: (حَدِيثٌ حَسَنٌ صَحِيحٌ).
فيه: استحباب وضع الثوب على فمه وأنفه إذا عطس لئلا يخرج منه شيء يؤذي جليسه، ولا يلوي عنقه. قال ابن العربي: الحكمة في خفض الصوت بالعطاس أن في رفعه إزعاجًا للأعضاء. ورُوِيَ من حديث عبادة مرفوعًا: «إذا تجشى أحدكم أو عطس فلا يرفع بهما الصوت، فإن الشيطان يحب أن يرفع بهما الصوت».

882. Abu Hurairah ﷺ reported: Whenever the Messenger of Allah ﷺ sneezed, he would cover his mouth with his hand or a piece of cloth, suppressing the sound this way. [Abu Dawud and At-Tirmidhi].

[883] وعن أبي موسى قال: كَانَ اليَهُودُ يَتَعَاطَسُونَ عِنْدَ رسول الله يَرْجُونَ أَنْ يَقُولَ لَهُمْ: يَرْحَمُكُمُ اللهُ، فَيَقُولُ: «يَهْدِيكُمُ اللهُ وَيُصْلِحُ بَالَكُمْ». رواه أَبُو داود والترمذي، وقال: (حَدِيثٌ حَسَنٌ صَحِيحٌ). كان اليهود يعلمون نبوته ورسالته باطنًا وإن أنكروها ظاهرًا حسدًا وعنادًا. قال الله تعالى: ﴿يَعْرِفُونَهُ كَمَا يَعْرِفُونَ أَبْنَاءَهُمْ﴾ [البقرة (146)]. وفيه: أن الكافر لا يقال له: يرحمك الله بل يقال: يهديكم الله ويصلح بالكم.

883. Abu Musa ﷺ reported: The Jews used to intentionally sneeze in the presence of the Messenger of Allah ﷺ hoping that he would say to them: 'Yarhamukum-ullah (may Allah have mercy on you),' but he would respond with: "Yahdikum-ullahu wa yuslihu balakum (may Allah guide you and render sound your state of affairs)." [Abu Dawud and At-Tirmidhi].

[884] وعن أبي سعيد الخدري قال: قَالَ رسول الله: «إذَا تَثَاءَبَ أَحَدُكُمْ فَلْيُمْسِكْ بِيَدِهِ عَلَى فِيهِ؛ فَإِنَّ الشَّيْطَانَ يَدْخُلُ». رواه مسلم. فيه: استحباب وضع اليد على الفم عند التثاؤب، لأن الشيطان يدخل الجوف مع التثاؤب. وعند ابن ماجه من حديث أبي هريرة: «إذا تثاءب أحدكم فليضع يده على فيه ولا يعوي فإن الشيطان يضحك منه».

884. Abu Sa'id Al-Khudri ﷺ reported: The Messenger of Allah ﷺ said, "When one yawns, he should put his hand over his mouth, otherwise the devil will enter." [Muslim].

CHAPTER 143

Excellence of Hand shaking at the time of Meeting
[885-893 of 1896]

وتقبيل يد الرجل الصالح وتقبيل ولده شفقة ومعانقة القادم من سفر وكراهية الانحناء
[885] عن أبي الخطاب قتادة. قَالَ: قُلْتُ لِأَنَسٍ: أَكَانَتِ الْمُصَافَحَةُ فِي أَصْحَابِ رسولِ اللهِ؟ قَالَ: نَعَمْ. رواه البخاري. فيه: دليل على مشروعية المصافحة؛ لأن الإجماع السكوتي حجة.

885. Abu Khattab Qatadah ؓ reported: I asked Anas: "Did the Companions of Messenger of Allah ﷺ use to shake hands?" He said: "Yes." [Al-Bukhari].

[886] وعن أنس قال: لَمَّا جَاءَ أَهْلُ الْيَمَنِ قَالَ رسولُ اللهِ: «قَدْ جَاءَكُمْ أَهْلُ الْيَمَنِ». وَهُمْ أَوَّلُ مَنْ جَاءَ بِالْمُصَافَحَةِ. رواه أبو داود بإسناد صحيح. المصافحة: مما يؤكد المحبة، وأهل اليمن ألين قلوبًا وأرق أفئدةً.

886. Anas ؓ reported: When the people of Yemen came, the Messenger of Allah ﷺ said, "The people of Yemen have visited you. They are the first to introduce the tradition of handshaking." [Abu Dawud].

[887] وعن البراء قال: قَالَ رسولُ اللهِ: «مَا مِنْ مُسْلِمَيْنِ يَلْتَقِيَانِ فَيَتَصَافَحَانِ إِلا غُفِرَ لَهُمَا قَبْلَ أَنْ يَفْتَرِقَا». رواه أبو داود. في هذا الحديث: تأكيد أمر المصافحة، والحث عليها لإخبار الصادق أنه يغفر للمتصافحين في مقامهما.

887. Al-Bara' ؓ reported: The Messenger of Allah ﷺ said, "Two Muslims will not meet and shake hands without having their sins forgiven (by Allah) before they depart." [Abu Dawud].

[888] وعن أنس قال: قَالَ رَجُلٌ: يَا رسولَ اللهِ، الرَّجُلُ مِنَّا يَلْقَى أَخَاهُ أَوْ صَدِيقَهُ أَيَنحَنِي

لَهُ؟ قَالَ: «لا». قَالَ: أَفَيَلْتَزِمُهُ وَيُقَبِّلُهُ؟ قَالَ: «لا». قَالَ: فَيَأْخُذُ بِيَدِهِ وَيُصَافِحُهُ؟ قَالَ: «نَعَمْ».
رواه الترمذي، وقال: (حَدِيثٌ حَسَنٌ). في هذا الحديث: استحباب المصافحة والنهي عن الانحناء، وأما المعانقة فتشرع للقادم من السفر.

888. Anas reported: A man asked: "O Messenger of Allah! When a man meets a brother or a friend, should he bow to him?" He said, "No." The man asked whether he should embrace and kiss him? The Messenger of Allah replied, "No." He asked whether he should hold his hand and shake it? The Messenger of Allah replied, "Yes." [At-Tirmidhi].

[889] وعن صَفْوَانَ بنِ عَسَّالٍ قال: قَالَ يَهُودِيٌّ لِصَاحِبِهِ: اذْهَبْ بِنَا إِلَى هَذَا النَّبِيِّ، فَأَتَيَا رسولَ الله فَسَأَلاهُ عَنْ تِسْعِ آياتٍ بَيِّنَاتٍ... فَذَكَرَ الحَدِيثَ إِلَى قَوْلِهِ: فَقَبَّلا يَدَهُ وَرِجْلَهُ، وقالا: نَشْهَدُ أَنَّكَ نَبِيٌّ. رواه الترمذي وغيره بأسانيد صحيحة. لفظ الحديث عند الترمذي، فقال لهم: «لا تشركوا بالله شيئًا، ولا تسرقوا، ولا تزنوا، ولا تقتلوا النفس التي حرم الله إلا بالحق، ولا تمشوا ببريء إلى ذي سلطان ليقتله، ولا تسحروا، ولا تأكلوا الربا، ولا تقذفوا محصنة، ولا تولوا للفرار يوم الزحف، وعليكم خاصةً، أيها اليهود ألا تعدوا في السبت. قال الطيبي: كان عند اليهود عشر كلمات: تسع منها مشتركة بينهم وبين المسلمين، وواحدة مختصة بهم، فسألوا عن التسع المشتركة، وأضمروا ما كان مختصًا بهم. فأجابهم عما سألوه، وعما أضمروه ليكون أدل على معجزاته. انتهى. وفيه: جواز تقبيل يد الرجل الصالح.

889. Safwan bin 'Assal reported: A Jew asked his companion to take him to the Prophet; and when they came to the Messenger of Allah, they asked him about the nine clear signs (given to Prophet Musa). Safwan narrated the long Hadith which concludes: They kissed the hands and feet of the Messenger of Allah and said: "We testify that you are a Prophet." [At-Tirmidhi] (Unapproved Hadith).

[890] وعن ابن عمر رضي الله عنهما قِصَّة قَالَ فِيهَا: فَدَنَوْنَا مِنَ النَّبِيِّ فَقَبَّلْنَا يَدَهُ. رواه أبو داود. وحاصل القصة أنهم كانوا في سرية ففروا، فأتوا النبي وقالوا: نحن الفارون. فقال: «بل أنتم الكارهون». وفي رواية: فقال: «أنا فئة المسلمين»

890. In a narration of Ibn Umar (May Allah be pleased with them)

at the end of the narration of the Hadith he said: "We came near the Prophet ﷺ and kissed his hand." [Abu Dawud] (Weak Hadith).

[891] وعـن عائشـة رضي الله عنها قالـت: قَـدِمَ زَيْـدُ بْـنُ حَارِثَـةَ المَدِينَـةَ وَرسـولُ الله في بَيتِـي، فَأَتَـاهُ فَقَـرَعَ البَابَ، فَقَـامَ إِلَيْهِ النبيُّ يَجُـرُّ ثَوْبَـهُ، فَاعْتَنَقَهُ وَقَبَّلَـهُ. رواه الترمذي، وقال: (حَدِيـثٌ حَسَـنٌ). في هـذا الحديـث: استحباب قصـد القـادم أول قدومه إلى مـن يعز عليه. وفيـه: جـواز الاسـتئذان بالقـرع. وفيـه: اسـتحباب المعانقـة والتقبيـل للقـادم مـن الأصحاب والأقارب.

891. 'Aishah ؓ reported: Zaid bin Harithah came to the Messenger of Allah ﷺ when he was in my house. Zaid knocked at the door. The Prophet ﷺ rose to receive him, trailing his garment. He embraced and kissed him. [At-Tirmidhi].

[892] وعـن أَبِي ذَرٍّ قـال: قَـالَ لِي رسـول اللـه: «لا تَحقِـرَنَّ مِنَ الْمَعرُوف شَـيْئاً، وَلَـوْ أَنْ تَلْقَى أَخَـاكَ بِوَجْـهٍ طَلْيقٍ». رواه مسـلم في هذا الحديث: اسـتحباب طيب الكلام، وبشاشـة الوجه، وفعل المعـروف وإن قل.

892. Abu Dharr ؓ reported: The Messenger of Allah ﷺ said to me, "Do not belittle any good deed, even your meeting with your brother (Muslim) with a cheerful face." [Muslim].

[893] وعـن أَبِي هريـرة قـال: قَبَّـلَ النبـيُّ الحَسَـنَ بـنَ عَـلِيٍّ رضي اللـه عنهـما، فَقَـالَ الأَقْـرَعُ بـن حَابِـسٍ: إِنَّ لِي عَـشْرَةً مِـنَ الْوَلَـدِ مَـا قَبَّلْـتُ مِنْهُمْ أحَـدَاً. فَقَالَ رسـول الله: «مَـنْ لا يَرْحَمْ لا يُرْحَـمْ!». متفـقٌ عَلَيْـهِ. وفيـه: اسـتحباب تقبيل الأطفال شـفقة ورحمـة.* * * كتاب عيَادة المريـض وَتشـييع المَيِّـت والصَّـلاة عليـه وَحضـور دَفنـهِ وَالمكث عِنْـدَ قبره بَعـدَ دَفنه.

893. Abu Hurairah ؓ reported: The Prophet ﷺ kissed his grandson Hasan bin 'Ali in the presence of Aqra' bin Habis. Thereupon Aqra' remarked: "I have ten children and I have never kissed any one of them." The Messenger of Allah ﷺ cast a glance upon him and said, "He who does not show mercy to others, will not be shown mercy." [Al-Bukhari and Muslim].

ALSO AVAILABLE BY LIGHT PUBLISHING

www.ingramcontent.com/pod-product-compliance
Lightning Source LLC
Chambersburg PA
CBHW011957090526
44590CB00023B/3765